アメリカン・アペタイザー
American Appetizers

アンダーソン夏代
Natsuyo Anderson

## アメリカン・アペタイザーとは

皆さんはアペタイザーと聞いてどんなものを想像されるでしょうか。辞書では「食欲を促す前菜や食前酒の類」とありますが、アメリカでは主に前菜のことを指します。

ジャンクフード王国として名高いアメリカのアペタイザーのイメージというと、ポテトチップスや、電子レンジで作った袋入りポップコーンなどでしょうか？確かにそれらもアペタイザーになります。しかし実際には、ディップ、サラダ、揚げ物など、少しの手間で出来るものから、わざわざアペタイザーのためにそれだけの時間を？と思うものまで幅広くあります。そして、それらの中には、「単なる酒のアテ」だけではなく「誰かと一緒に楽しみたい」と思わせる料理が多数あるのです。

ある日のスーパーでのこと。精算するためレジに並んでいると、前の男性客がレジのベルトコンベアに並べたものは、冷凍のクラブ・ラングーン（84ページ）、缶入りのワサビ豆（39ページ）、スイート＆ソルティ

ーアーモンド（30ページ）、ブリーチーズ、ワインなどでした（アメリカのレジは、客自らカゴやカートから品物を取り出してベルトコンベアにのせるシステムなので、前の客が購入するものが丸分かりなのです）。これはどこから見ても、「アペタイザーを作る時間がないので、市販品を準備しよう」のセレクション。きっと夜はホームパーティーに違いないと心の中でにやけていたのですが、顔に出ていたらしく、怪訝そうに見られてしまい、ごまかすために意味もなく微笑みかけてしまいました。

本書では、全米各地でポピュラーなものをメインに、私が住む南部のアペタイザーもご紹介します。家飲み、ちょっとした集まり、そして近頃日本でも広まり出している１品持ち寄りの「ポットラックパーティー」にも活用していただけるでしょう。普段のおかずになるものもあります。

まずは「へぇ、こんな料理があるんだ」と眺めてみてください。下戸の方でも十分に楽しめること請け合いです。

# Contents

2 ── アメリカン・アペタイザーとは
6 ── 料理を作る前に

## ディップ、スプレッド
**Dips and Spreads, Nothing but Dips.**

10 ── ワカモレ
**Guacamole**

11 ── 赤パプリカのディップ
**Roasted Red Bell Pepper Dip**

12 ── テキサス・キャビア
**Texas Caviar**

14 ── フムス
**Hummus**

15 ── 鶏レバーのパテ
**Chicken Liver Pâté**

16 ── ホット・ツナディップ
**Hot Tuna Dip**

18 ── ほうれん草のディップ
**Spinach Dip**

20 ── ビールとチェダーチーズのディップ
**Beer & Cheddar Dip**

22 ── 白インゲン豆のディップ
**White Bean Dip**

23 ── アーティチョークのディップ
**Baked Artichoke Dip**

24 ── チーズ・ボール
**Cheese Ball**

25 ── フルーツ・ディップ
**Fruit Dip**

### コラム Columns

26 ── 枝豆、Edamame、エダマミ
27 ── ポットラックの心得

## ナッツなど
**Crunchy Munchies & More**

30 ── スイート＆ソルティーアーモンド
**Sweet & Salty Almonds**

31 ── カレー・ナッツ
**Curried Nuts**

32 ── ローズマリー・ウォルナッツ
**Roasted Rosemary Walnuts**

33 ── ボイルド・ピーナッツ
**Boiled Green Peanuts / Hot Peanuts**

34 ── キャラメル・ポップコーン
**Caramel Popcorn**

36 ── チョコレート・バーク
**Chocolate Bark**

### コラム Columns

38 ── トレイル・ミックス
39 ── 海を渡った「味好み」

## コールド・アペタイザー
**Cold Appetizers, Anywhere, Anytime**

42 ── グラブラックス
**Gravlax**

44 ── 海老のピクルス
**Pickled Shrimp**

46 ── オリーブのマリネ
**Citrus Marinated Olives**

47 ── 桃の生ハム巻き
**Prosciutto Wrapped Peaches**

48 ── トマトゼリー
**Tomato Aspic**

50 ── ウェッジ・サラダ
**Wedge Salad**

51 ── ウォルドーフ・サラダ
**Waldorf Salad**

52 ── アジアン・スロー
**Asian Slaw**

54 ── ブロッコリーのサラダ
**Broccoli Salad**

55 ── カレー風味デビルド・エッグ
**Curried Deviled Eggs**

56 ── オイスター・シューター
**Oyster Shooters**

57 ── スタッフド・デーツ
**Stuffed Dates**

58 ── パスタ・サラダ
**Pasta Salad**

60 ── カリフォルニア・ロール
**California Roll**

62 ── スパイシー・ツナロール
**Spicy Tuna Roll**

### コラム Columns

64 ── 名前が大事、アメリカ巻き寿司
65 ── パーティー用品専門店

## ホット・アペタイザー
### Hot Appetizers, mm...Good

- 68 — バッファロー・ウイング / Buffalo Chicken Wings
- 70 — ココナッツ・シュリンプ / Coconut Shrimp
- 72 — チキン・フィンガーズ / Fried Chicken Fingers
- 74 — オニオン・リング / Beer-Battered Onion Rings
- 75 — コーン・フリッター / Corn Fritters
- 76 — 砂肝のフライ / Fried Gizzards
- 78 — モッツァレラチーズ・スティック / Fried Mozzarella Cheese Sticks
- 80 — フライド・オクラ / Fried Okra
- 81 — サヤインゲンのパン粉揚げ / Fried Green Beans
- 82 — フレンチ・フライ / French Fries
- 84 — クラブ・ラングーン / Crab Rangoon
- 85 — 帆立のベーコン巻き / Bacon Wrapped Scallops
- 86 — クラブ・ケーキ / Crab Cake
- 88 — 白身魚のタコス / Fish Tacos
- 90 — スタッフド・ポテト / Stuffed Baked Potato / Loaded Potato
- 92 — ケイジャン・ローストポテト / Cajun Roasted Potatoes
- 93 — カクテル・ウインナー / Cocktail Wieners
- 94 — スライダーズ / Sliders
- 96 — スタッフド・マッシュルーム / Stuffed Mushrooms
- 98 — ベイクド・ブリー / Baked Brie
- 100 — チリ / Chili
- 102 — チリ・ナチョス / Chili Nachos
- 103 — テキサス・トースト / Texas Garlic Toast
- 104 — チーズ・パフ / Cheddar Cheese Puffs
- 106 — チーズ・ビスケット / Mini Cheese Biscuits

### コラム Columns

- 108 — 日米おもてなし考
- 109 — 立つか、座るか

## パーティードリンク
### Party Drinks, Cheers!

- 112 — ホワイトワインクーラー・パンチ / White Wine Cooler Punch
- 113 — モック・サングリア / Mock Sangria
- 114 — フローズン・マルガリータ / Frozen Margarita
- 115 — フローズン・ストロベリーダイキリ / Frozen Strawberry Daiquiri
- 116 — サケ・マティーニ / Sake Martini
- 117 — ホット・トディー / Hot Toddy

### コラム Columns

- 118 — ドリンクこぼれ話
- 119 — 広告に踊らされる

## ディッピングソース＆ドレッシング
### Dipping Sauce & Dressings

- 120 — ランチ・ドレッシング / Ranch Dressing
- 121 — カクテル・ソース / Cocktail Sauce
- 121 — ブルーチーズ・ディップ／ドレッシング / Blue Cheese Dip/Dressing
- 122 — レムラード・ソース / Remoulade Sauce
- 122 — サウザンアイランド・ドレッシング / Thousand Island Dressing
- 123 — マリナーラ・ソース / Easy Marinara Sauce
- 123 — タルタル・ソース / Tartar Sauce
- 124 — アプリコット・マスタードソース / Apricot Mustard Sauce
- 124 — ハニーマスタード・ディップ／ドレッシング / Honey Mustard Dip/Dressing
- 125 — バンバン・ソース / Bam Bam Sauce
- 125 — アボカド・ワサビソース / Avocado Wasabi Sauce

- 126 — 材料索引 / Index

# 料理を作る前に　本書のレシピに出てくる調味料・食材・計量・器具などについて

## レシピの見方

### 材料表記の（オプション）
用意出来ればベストな材料です。が、必ずしも揃える必要はありません。

### *マーク
代用・アレンジ可能な食材、重量やサイズなどについて補足してあります。

### アメリカ組・日本組
時折、アメリカ組、日本組という表現が登場します。アメリカ組とは、アメリカ在住の日本の方々を、日本組とは、日本在住の方々を指しています。

## 調味料・食材

### 塩
粗塩を使用しています。

### 砂糖
アメリカで一般的なグラニュー糖を使用しています。一部の料理には、ブラウンシュガー（または三温糖）や上白糖も使っています。

### 黒胡椒
粗挽きタイプを使用しています。

### 白胡椒
粉末タイプを使用しています。いわゆるテーブルコショーでも代用可能です。

### マスタード
調合済みの洋辛子です。和辛子と違って、辛味はほとんどありません。本書ではディジョン、粒、ホットドッグ用のイエローマスタードを使用しています。

### ウスタシャーソース
日本のウスターソースではなく、リーペリンなど甘味がほとんどないものを使っています。

### ホットソース
日本ではタバスコが有名ですが、アメリカではFrank's Red HotやTexas Pete'sなど様々なメーカーから出ており、それぞれ辛さが違います。好みのものをご使用ください。最近アメリカで人気の製品は、タイ由来のシラチャ・チリソースです。

### サワークリーム
日本で一般的によく出回っている90gサイズ使い切り、またはその半量の45gにレシピを調整しています。全てではありませんが、水切りヨーグルトやギリシャヨーグルトで代用出来るレシピもあり、その旨を表記してあります。水切りヨーグルトの場合は、なるべく生乳100％で酸味控えめのものを選び、ボウルにセットしたザルにキッチンペーパーを敷いてヨーグルトを入れ、冷蔵庫で12〜24時間置いて水分を切ったものを使います。

### 小麦粉（中力粉）
日本では主にうどん粉として使われる中力粉ですが、アメリカでは、オールパーパスフラワー（あらゆる目的にかなう粉）と呼び、一般的に小麦粉＝中力粉のことを指して料理、菓子全般に使用します。中力粉の代わりに、薄力粉と強力粉1：1（重量比）を泡立て器で混ぜ合わせたものでも大丈夫です。

### レモンの皮
レモンの皮を使用するレシピは、日本組の場合は防カビ剤などを使っていない国産を、アメリカ組はオーガニックのものを使用してください。

### ジャガイモ
本書では、アメリカでもっとも一般的なラセット・ポテトを使っています。これは、大きめのメークインの見た目に男爵系のホクホクした食感のイモです。日本組は男爵などの使用をお勧めします。

### オリーブオイル
46ページの「オリーブのマリネ」のみエクストラバージン・オリーブオイル（E.V.）を指定していますが、他はE.V.またはピュアのどちらを使っていただいても構いません。

### チキンストック
骨付きの鶏肉、香味野菜（セロリ、玉ネギ、人参、パセリ）、粒黒胡椒、少量の塩を水と一緒に2時間ほど煮込んで作るダシです。市販のコンソメ顆粒で代用出来ます（分量はレシピページに掲載）。アメリカ組は、市販のチキンストック（低塩タイプ）をご利用ください。

### 植物油（揚げ油）
高温で揚げる料理には、（高温使用でも煙が出にくい）キャノーラを指定しています。他の料理については、キャノーラを含めクセのないものを使用してください。油の温度が低いと、カリッとならず中が油っぽい仕上がりになります。特に揚げ始めは指定の温度を守り、食材を多く入れて温度を下げ過ぎることのないようにご注意ください。

ディップに使うトルティーヤチップス、プレッツェル、クラッカー等

可能な限り、ディップの味を邪魔しない無塩タイプや味の薄いものを選んでください。

### 代用バターミルク

バターミルクとは、牛乳に乳酸菌や酢酸菌を加えて発酵させた液体のことです。本来は、牛乳からバターを作った後の液体を指していましたが、現在は人工的に作られています。日本では入手が難しいため、ここでは代用のレシピを紹介します。なお、パウダー製品が出ているようですが(アメリカにもあります)、それは基本的に粉類に混ぜて使うもので、単品での水溶きはダマになりやすく、かつ濃度が違うので、液体バターミルクとしての代用は出来ません。

**材料**(作りやすい分量)
- 牛乳(無調整または低脂肪) …… 100g
- プレーンヨーグルト …… 50g
- 塩 …… 少々(2本指でひとつまみ)

**作り方**

材料をボウルに入れて泡立て器でムラなく混ぜ、冷蔵庫で30分冷やせば出来上がりです。密閉容器に入れ、冷蔵で3日間保存出来ます。

### ケイジャンシーズニング(無塩タイプ)

発祥地であるルイジアナ州をはじめ、主に南部で好まれるピリ辛の調合スパイスのことで、肉、魚、野菜料理など色々な料理に使います。市販品は有塩タイプが多いため、塩味と辛味の加減を別々に行えるように、ここでは無塩タイプを紹介します。市販の有塩タイプを使う場合は、レシピにある塩の分量を減らす必要があります(様子を見ながら)。

**材料**(作りやすい分量)
- パプリカパウダー* …… 大さじ2
- オニオンパウダー** …… 大さじ1
- ガーリックパウダー …… 大さじ1
- 黒胡椒(粗挽き) …… 大さじ1
- 白胡椒(粉末) …… 大さじ1
- オレガノ(ドライ) …… 小さじ1+1/2
- タイム(ドライ) …… 小さじ1+1/2
- カイエンペッパー*** …… 小さじ1/4～1
- セロリシード(オプション) …… 小さじ1/2
- マスタードパウダー(オプション) …… 大さじ1

*手に入ればスモークタイプで。
**ドライオニオンやローストオニオン(乾燥品)を砕いたものでも可。
***一味や粉末唐辛子でも可。

**作り方**

材料全てをボウルに入れ、泡立て器でムラなく混ぜれば出来上がりです。密閉容器に入れ、直射日光の当たらない涼しい場所で2～3カ月、冷蔵庫で約半年間保存出来ます。

## 計量・温度

### 単位

液体は計量カップで量りづらい単位もあるので、g表記を主体にしています。

さじ表記は、アメリカの計量スプーンで一般的な大さじ1(15cc)、小さじ1(5cc)、小さじ1/2(2.5cc)、小さじ1/4(1.25cc)で分量を出しています。

小さじ1/8は3本指でひとつまみ、少々は2本指でひとつまみ(小さじ1/16)になります。

また、中途半端に細かい単位も出てきますが、アメリカのバターの一般的なサイズや、アメリカサイズの計量カップ(1カップ=240cc)を使用しているためです。どうぞご了承ください。

### ディップの温度帯

ディップは冷たいものとは限りません。各ディップのレシピに、**H**ホット、**R**常温、**C**コールドといった温度帯の目安を入れているので、それを参考にしてください。

## 器具

### 鍋やフライパン

熱の伝わり方が均一な、厚手のものをお勧めします。

### 火加減

本書のレシピは電磁調理器で作っています。日本では電気、ガス火ともにメーカーによって規格が違うことが多いので、必要に応じて火加減の調整をしてください。

### オーブン

アメリカサイズの庫内が大きめのもの(3000W)、日本サイズの小さめのもの(1500W)2種類で確認していますが、機種によって違いがありますので、適宜、焼き具合を確認してください(特に最後の5分)。温度は日本の摂氏(℃)とアメリカの華氏(℉)で表記しています。

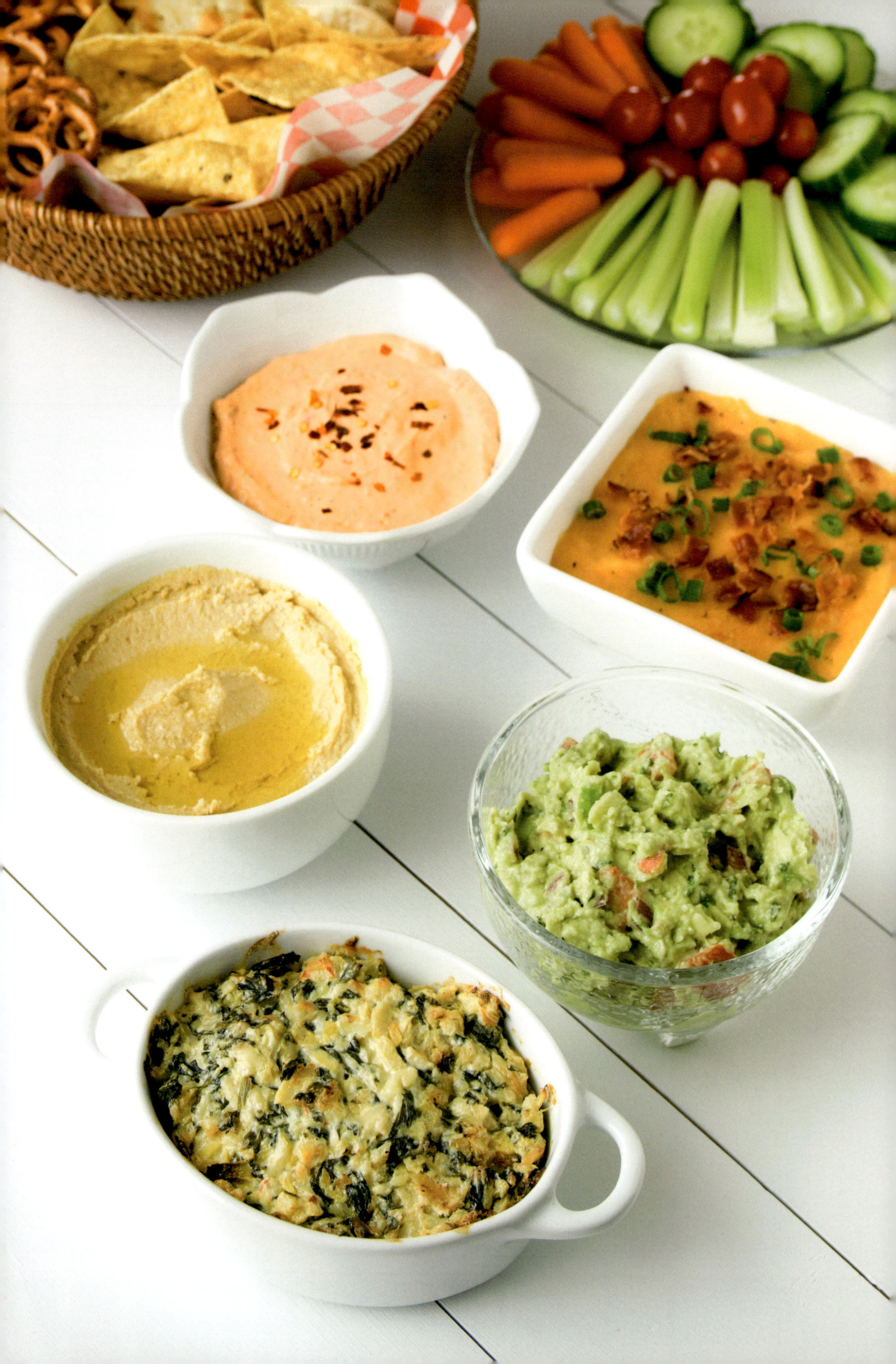

## ディップ、スプレッド
### Dips and Spreads, Nothing but Dips.

ディップを愛してやまないアメリカ人。
ディップはパーティーやポットラックに頻繁に登場し、
生野菜、クラッカー、一口サイズのパンなど、あらゆるものですくって食べます。
中にはポテトチップスを使うつわものも。
基本的にひとつのボウルをシェアするので、二度づけは厳禁。
スプレッドはディップよりかためで、
スプーンやナイフを使ってクラッカーなどに塗るものです。

# Guacamole

## ワカモレ C R

メキシコ生まれながら、アメリカにすっかり浸透しているワカモレ。どのスーパーへ行ってもペースト状の真空パックになった冷蔵品を見かけます。ですが、やはり具沢山の手作りが一番。辛さはお好みで調整してください。

### 材料（4人分）

アボカド …… 2〜3個（450g）
ライム果汁 …… 大さじ $1+\frac{1}{2}$
赤玉ネギ …… 50g
トマト …… $\frac{1}{2}$〜1個（100g）
ハラペーニョ（フレッシュ）* …… $\frac{1}{2}$個（正味20g）

ニンニク …… 4g
香菜 …… 15g
塩 …… 小さじ $\frac{1}{3}$
黒胡椒 …… 小さじ $\frac{1}{8}$

*同量のシシトウ＋緑のタバスコ適量で可。または青唐辛子を使っても。

### 作り方

① アボカドはタテにぐるりと包丁を入れてひねって2等分にし、種と皮を取り除いてボウルに入れます。上からライム果汁をまわしかけ、フォークで粗く潰します。
② 赤玉ネギは5mm角、トマトはヘタと種を取って1cm角に切り、ハラペーニョは種を取ってみじん切りにします（切った後、目など粘膜の部分を手で絶対に触らないように！）。ニンニクと香菜もみじん切りにします。（ⓐ）
③ ①のボウルに②を加えフォークで軽く混ぜ、塩、黒胡椒で味を調えた後、ラップをワカモレに直接貼り付けて（ⓑ）、冷蔵庫で50〜60分冷やして味を馴染ませれば出来上がりです。

### メモ

◎ 時間が経つと変色するので、数時間内に食べてください。

# Roasted Red Bell Pepper Dip

## 赤パプリカのディップ C R

ローストした赤パプリカを、クリームチーズと一緒にペーストにしたディップです。さわやかな酸味は、生野菜や塩味のクラッカーとよく合います。クリームチーズの代わりに同量の白インゲン豆の水煮を使うと、ヴィーガンバージョンになります。

### 材料（4人分）

赤パプリカ …… 1個（200g）
クリームチーズ* …… 100g
ニンニク …… 2g
レモン果汁 …… 小さじ1
黒胡椒 …… 小さじ$\frac{1}{8}$
塩 …… 小さじ$\frac{1}{4}$
鷹の爪（オプション）…… 少々

*同量の白インゲン豆の水煮でも可（水洗いして水気を切る）。

### 作り方

① 赤パプリカは直火、魚焼きグリル、オーブンの上火（230℃／450°F）などで時々転がしながら焦げ目がつくまで焼きます（ⓐ）。ボウルに入れてラップをピンと張って密閉し、粗熱が取れるまで約20分蒸らしたら薄皮、ヘタ、種を取ります。水洗いはしません。（ⓑ）
② クリームチーズは常温に戻しておきます。ニンニクは包丁の腹で潰します。
③ ①と②、レモン果汁、黒胡椒をフードプロセッサーでなめらかになるまで攪拌します。塩で味を調え、砕いた鷹の爪少々をオプションで加えて器に入れ、ラップをかけ冷蔵庫で最低2時間冷やせば出来上がりです。

### メモ
◎ 冷蔵で3日間保存出来ます。

# Texas Caviar

# テキサス・キャビア C

ニューヨーク出身の女性料理人が、テキサス州で南部料理の影響を受けて考案したのがこの料理です。当時の料理名は Marinated Black-Eyed Pea Salad でしたが、豆をキャビアに見立てて今の名前になりました。本来はブラックアイドピーを使いますが、日本では手に入りにくいので、ブラックビーンズでどうぞ。

### 材料（6～8人分）

ブラックビーンズ（水煮製品）…… 正味(固形量) 240～270g*
ホールコーン（缶詰）…… 正味(固形量) 130～160g**
赤玉ネギ …… 50g
トマト …… 2～3個（300g）
香菜 …… 35g
青ネギ …… 約1本（正味15g）

A ┌ ライム果汁 …… 大さじ2（約1個分）
　│ 塩 …… 小さじ1/4
　│ 黒胡椒 …… 小さじ1/4
　│ ガーリックパウダー*** …… 小さじ1/4
　└ 植物油（キャノーラなど）…… 大さじ1

ハラペーニョ（フレッシュ／オプション）…… 1個
タバスコなどのホットソース（オプション）…… 適宜

*缶詰（約400～450g総量）1缶に相当。
**缶詰（約190～200g総量）1缶に相当。
***またはすりおろしたニンニク2g分。

### 作り方

① ブラックビーンズはザルにあけて流水で洗い、水気を切っておきます。ホールコーンも水気を切ります。(ⓐ)

② 赤玉ネギは5㎜角に刻み、水に5～10分さらして(ⓑ)水気を切っておきます。さらし過ぎると風味が抜けるのでほどほどに。トマトはヘタを取って1㎝角に切り、香菜と青ネギは粗みじんに刻みます（香菜は軸も使えます。これは好みで）。オプションのハラペーニョはヘタと種を取り除いて、みじん切りにします。切った後、目など粘膜の部分を手で絶対に触らないように！(ⓒ)

③ ボウルに①と②を入れ、Aで和え、タバスコなどのホットソースをオプションで加えて味を調えます(ⓓ)。ラップをかけ冷蔵庫で最低2時間冷やせば出来上がりです。

### メモ

◎ 冷蔵で4日間保存出来ます（香菜なしの場合は最長1週間）。
◎ 香菜が苦手な方と一緒に召し上がる場合は、味つけしてから取り分けて、香菜を入れてください。彩りに緑がないとちょっと華やかさに欠けた見た目になるので、香菜を使わない場合はイタリアンパセリのみじん切りを。
◎ 美味しいトマトが手に入らない時期に作る場合は、同量のカット（ダイス）トマトの缶詰でも構いません。

# Hummus

## フムス R C

中東発祥のフムスもアメリカに馴染み、ワカモレ同様に出来合い品をスーパーで見かけます。アメリカではピタ（ピタパン）の他に、セロリスティックやキャロットスティックを添えることが多く、ヘルシー系のディップとして人気があります。

### 材料（3〜4人分）

ヒヨコ豆（水煮製品）
　……正味（固形量）230〜260g*
*缶詰（約400〜450g総量）1缶に相当。

A
- ニンニク（包丁の腹で潰す）……2g
- 練りゴマ（白）……大さじ2
- レモン果汁……大さじ1（約$\frac{1}{2}$個分）
- 水……大さじ3〜5
- 塩……小さじ$\frac{1}{8}$〜$\frac{1}{4}$
- クミンパウダー……小さじ$\frac{1}{4}$

オリーブオイル……大さじ2〜3

### 作り方

① ヒヨコ豆はザルにあけて流水で洗い、水気を切っておきます（ⓐ）。
② ①とAを一緒にフードプロセッサーにかけ、軽くペースト状にしたら、オリーブオイルを少しずつ加えて（ⓑ）なめらかになるまで攪拌します。
③ 器に盛って、オリーブオイル（材料外）を少量かければ出来上がりです。

### メモ

◎ 冷蔵で3日間保存出来ます。
◎ 乾燥ヒヨコ豆を使っても。豆95gをたっぷりの水（容量比で4倍）に一晩〜24時間つけて戻し、ザルにあけて水気を切って鍋に入れ、新たにひたひたの水を注いで強火にかけます。沸騰したらアクを取って弱火に落として蓋をし、豆が柔らかくなるまで約1時間茹でたら火から下ろし、茹で汁につけたまま粗熱を取ります。

# Chicken Liver Pâté

## 鶏レバーのパテ　C R

レバーが手に入りにくい地域もあるので「全米で圧倒的人気！」というほどではありませんが、ワイン好きに根強く好まれるのが鶏レバーのパテです。炒めた玉ネギ、赤ワインと一緒に火を通し、コクを出すために生クリームを少し使います。

### 材料（4人分）

鶏レバー …… 200g
玉ネギ …… 中 1/2 個（正味100g）
ニンニク …… 4g
オリーブオイル …… 大さじ1
赤ワイン …… 60g
チキンストック* …… 100g

A ┌ 生クリーム …… 大さじ2
　├ タイム（ドライ）…… 小さじ 1/8
　└ ナツメグ …… 少々

塩 …… 適量
黒胡椒 …… 小さじ 1/8

*コンソメ顆粒（出来れば無添加タイプ）1g（小さじ 1/3）+ 熱湯100gでも可。

### 作り方

① 鶏レバーは、大きいものは2等分に切り分けます。玉ネギは5mm角に刻み、ニンニクはみじん切りにします。

② フライパンを強めの中火で熱してオリーブオイルを引き、玉ネギを入れて3分ほど炒めます。ニンニクを加えて香りが出るまで炒め、鶏レバーと赤ワイン、チキンストックを入れ（ⓐ）、レバーを時々返しながら、水分がなくなるまで煮詰めます（ⓑ）。

③ ②をフードプロセッサーに移し、軽くペースト状にしたらAを加えてなめらかになるまで攪拌します。塩、黒胡椒で味を調えて器に入れ、粗熱が取れたらラップをかけ冷蔵庫で最低2時間冷やせば出来上がりです。

### メモ

◎ 冷蔵で4日間保存出来ます。

# Hot Tuna Dip

# ホット・ツナディップ H C

ツナ缶を使った温かいディップは日本では少し珍しいかもしれません。簡単に作れ、加熱しない冷たいものはもちろん、ディップを塗って焼いたホットサンドイッチも美味しく、ひとつで3通りの使い方が出来ます。好みでタバスコなどのホットソースを適量加えるのもお勧めです。

### 材料（3〜4人分）

ツナ缶（ノンオイルフレーク）……1缶（正味75〜80g）
青ネギ……約2本（正味30g）
セロリ*……10g
クリームチーズ……100g

A
- マヨネーズ……大さじ2
- レモン果汁……大さじ1（約1/2個分）
- 黒胡椒……小さじ1/8
- 塩……小さじ1/8

*同量の玉ネギでも可。

### 作り方

① ツナはフォークなどで押さえて水気を切っておきます。青ネギとセロリはみじん切りにします。クリームチーズは常温に戻します。
② ボウルに①とAを入れてよく混ぜます（ⓐ・ⓑ）。
③ ②を耐熱容器に入れて、190℃（375°F）に予熱したオーブンで約20分、ディップの周囲にうっすらと焼き目がつけば出来上がりです。

### メモ

◎ ②の状態で、冷蔵で3日間保存出来ます。そのまま冷製で召し上がっても。

### アレンジ

◎ 厚切りのバゲットに②のディップを適量塗り、薄切りトマトとチーズ（モッツァレラ、チェダー、スライスチーズなど）をのせ、190℃（375°F）に予熱したオーブン（またはオーブントースター）でチーズが溶けるまで焼くと、ホットツナメルト・サンドイッチになります。

# Spinach Dip

# ほうれん草のディップ c

アメリカの料理雑誌のパーティー特集でよく見かけるディップなのですが、興味を引かれず、何年も試さないままでした。数年前に食べる機会があり、その美味しさに驚き。見た目で判断してはいけませんね。パプリカとの組み合わせが一押しです。ディップの酸味でパプリカの甘味が強調され、いくらでも食べたくなります。

### 材料（4人分）

ほうれん草 …… 150g（約 $\frac{1}{2}$ 束）
青ネギ …… 約2本（正味30g）
サワークリーム* …… 90g
マヨネーズ …… 45g
レモン果汁 …… 大さじ1（約 $\frac{1}{2}$ 個分）
おろし玉ネギ …… 大さじ1
塩 …… 小さじ $\frac{1}{4}$
黒胡椒 …… 小さじ $\frac{1}{8}$

*水切りヨーグルト、ギリシャヨーグルトでも可。

### 作り方

① ほうれん草はたっぷりの湯でかために茹で（ⓐ）、水にさらして水気をよく絞り、粗みじんに刻みます。青ネギはみじん切りにします。（ⓑ）
② ボウルに①と残りの材料を全て入れ、よく混ぜ合わせます（ⓒ・ⓓ）。ラップをかけ冷蔵庫で最低2時間冷やせば出来上がりです。

### メモ
◎ 冷蔵で3日間保存出来ます。

### アレンジ
◎ くり抜いたパンを容器にしてディップを詰めても（くり抜いた部分は一口大に切って添えます）。

# Beer & Cheddar Dip

# ビールとチェダーチーズのディップ H R

フットボールなどのテレビ観戦時に好まれるビールとチェダーチーズのディップ。不思議な組み合わせに感じるかもしれませんが、これがビールが苦手な人でも結構いけます。とろりとしたチーズが色々なものに合い、何気に守備範囲が広めです。

### 材料（5〜6人分）

チェダーチーズ …… 200g
小麦粉（薄力粉または中力粉）…… 大さじ1
スライスベーコン …… 1枚
青ネギ（緑の部分）…… 約1/2本（正味7g）
ビール* …… 140g
A ┌ おろしニンニク …… 小さじ1/2
　├ おろし玉ネギ …… 大さじ1
　└ ディジョンマスタード …… 大さじ1
塩、黒胡椒 …… 各適量
タバスコなどのホットソース（オプション）…… 適宜

*好みのもので。ノンアルコールや気が抜けたものでも可。

### 作り方

① チェダーチーズはチーズおろしを使うか、包丁でさいの目に切ってボウルに入れ、小麦粉を振り、全体に混ぜ合わせます（ⓐ・ⓑ）。
② ベーコンはフライパンでカリカリになるまで中火で焼いてキッチンペーパーで脂を切り、冷めたら手で砕いておきます。青ネギは小口切りにします。（ⓒ）
③ 鍋にビールを入れて弱火で温め（ⓓ）、湯気が出てきたら、①とAを加えます（ⓔ）。火加減は弱火のまま、なめらかになるまでスパチュラで混ぜ、塩、黒胡椒、タバスコなどのホットソースをオプションで加えて味を調えます。
④ ③を器に移し、ベーコンと青ネギを散らせば出来上がりです。

### メモ

◎ 野菜スティックやクラッカーの他に、ケイジャン・ローストポテト（92ページ）、プレッツェル、サヤインゲンのパン粉揚げ（81ページ）などにもお勧めです。
◎ 温かいうちはディップとして、冷めて固まったものはスプレッドとしていただきます。

# White Bean Dip

## 白インゲン豆のディップ  R  C

材料だけ見ると、「フムスっぽい味かな？」と想像される方が多いかもしれませんが、ハーブ類が入るだけで中東から離れた風味になります。ハーブ類を注釈のものに変更すると、また違った美味しさを発見するかもしれません。

### 材料（4人分）

| | |
|---|---|
| 白インゲン豆または白花豆（水煮製品）……  正味（固形量）230〜280g* | レモン果汁 …… 大さじ1（約1/2個分） |
| ニンニク …… 4g | オリーブオイル …… 大さじ2 |
| バジル（フレッシュ）** …… 4枚 | 水 …… 大さじ1〜2 |
| パセリ …… 2g | 塩 …… 小さじ1/4〜1/3 |
| | 白胡椒 …… 小さじ1/8 |

*缶詰（約400〜450g総量）1缶に相当。
**ローズマリー、タイム、セージ、ディル適量でも可。

### 作り方

① 白インゲン豆（または白花豆）はザルにあけて流水で洗い、水気を切っておきます。ニンニクは包丁の腹で潰し、バジル、パセリは粗みじんに刻みます。(ⓐ)

② ①をレモン果汁と一緒にフードプロセッサーにかけ、軽くペースト状にしたら、オリーブオイルと水を少しずつ加えて(ⓑ)なめらかになるまで攪拌し、塩と白胡椒で味を調えます。

③ 器に盛ってオリーブオイルをかけ、パセリ（ともに材料外）を飾れば出来上がりです。

### メモ

◎ 冷蔵で3日間保存出来ます。

◎ 好みでレモンの皮のすりおろしを1/2個分加えても。

◎ 乾燥豆を使用する場合は95gを戻して火入れしてください（調理方法は14ページ参照）。

# Baked Artichoke Dip

## アーティチョークのディップ　H R

アメリカではいつでも手頃な値段で買えるマリネタイプのアーティチョーク。やっと日本でもそこそこの値段で手に入るようになってきたようですが、実はなんと、このディップに限っては筍の穂先部分でこっそり代用出来ます。

### 材料（4～5人分）

アーティチョーク（味つきマリネ製品）…… 正味（固形量）200g
赤パプリカ …… 20g
ほうれん草 …… 70g
サワークリーム …… 90g
モッツァレラチーズ（セミハードタイプ）* …… 80g
* ピザ用チーズでも可。

A ┃ マヨネーズ …… 大さじ2
　┃ 塩 …… 小さじ $1/8$
　┃ 黒胡椒 …… 小さじ $1/8$

### 作り方

① アーティチョークは汁気を切って粗く刻み、赤パプリカは5mm角に切ります。ほうれん草は、かために茹でて水にさらして水気を絞り、粗みじんに刻みます。サワークリームは常温に戻し、モッツァレラチーズはさいの目に切ります。

② ①とAをボウルに入れて混ぜ（ⓐ）、耐熱容器に入れ（ⓑ）、190℃（375℉）に予熱したオーブンで約30分、表面にうっすらと焼き目がついたら取り出し、常温で5分休ませれば出来上がりです。

### メモ

◎ 筍の水煮の穂先部分を使う場合は、塩小さじ $1/8$ の代わりにクレイジーソルトなどのシーズニングソルト小さじ $1/3$ ～ $1/2$ と、レモン果汁小さじ2を加えて作ります。味のついていない水煮タイプのアーティチョークも同様です。

# Cheese Ball

## チーズ・ボール C R

ホリデーシーズンによく登場するチーズ・ボールですが、何故わざわざボール状に成形しなくてはいけないのか、いまだ謎です。定番中の定番なのでこういうものなのでしょう。小さなナイフを添え、削り取りながらクラッカーにのせていただきます。

### 材料（4人分）

クリームチーズ …… 100g
チェダーチーズ* …… 100g
玉ネギ …… 15g
黒胡椒 …… 小さじ $\frac{1}{8}$
スライスアーモンド …… 40g

*同量のブルーチーズでも可。

### 作り方

① クリームチーズは常温に戻し、チェダーチーズはチーズおろしを使うか、包丁で細かく刻みます。玉ネギはみじん切りにします。
② ボウルに①と黒胡椒を入れてスパチュラでよく混ぜます。ラップで包み、おにぎり感覚で丸く成形し（ⓐ）、冷蔵庫で2時間冷やします（この状態で24時間まで保存可）。
③ スライスアーモンドは薄く色づくまでフライパンで乾煎りし、皿に取って冷まします。
④ ラップに③を広げ、その上に②を転がして（ⓑ）アーモンドをまぶしつければ出来上がりです（アーモンドがつきにくい場合は常温に少し置いてから）。

### メモ

◎ 冷蔵で3日間保存出来ます（アーモンドの食感は変わります）。
◎ 好みで刻みパセリや、細かく刻んで水気を絞った缶詰のパイナップル適量を加えても。

# Fruit Dip

## フルーツ・ディップ　c

ディップは塩味タイプだけではありません。甘いタイプもあります。色とりどりのフルーツを添えて華やかに仕立てると、特に女性受けします。アレンジに登場するチョコレート（ココア）味も美味しいですよ。

### 材料（3～4人分）

ギリシャヨーグルト* …… 170g
好みのジャム …… 大さじ3～4
シナモンパウダー** …… 少々

*水切りヨーグルトでも可。
**カルダモンパウダーやバニラエッセンス（バニラエクストラクト）適量でも。

### 作り方

① ボウルに材料を全て入れ、よく混ぜ合わせて（ⓐ）、ラップをかけ冷蔵庫で2時間冷やせば出来上がりです。リンゴ、パイナップル、イチゴなど好みのフルーツを添えていただきます。

### メモ

◎ 冷蔵で3日間保存出来ます。

### アレンジ

◎ ジャムの代わりに蜂蜜またはメープルシロップを使い、無糖のココアパウダー大さじ3を加えると、チョコレート・ヨーグルトディップになります。

# 枝豆、Edamame、エダマミ

日本の夏における酒のアテ、それはやはり枝豆でしょう。世界一の大豆生産国であるアメリカの大豆の活用法といえば、かつては大豆油（食用・工業用）やベジタリアン用の擬似肉 (Soy meat)、家畜用飼料、工業製品に加工されるか、海外に輸出することが主で、枝豆の存在はあまり知られておらず、日本料理店のおつまみメニューにひっそりとあるくらいでした。しかし健康志向が高まるにつれ、豆乳や豆腐が一般のスーパーに並ぶようになると、やっと枝豆にも目が向けられ、冷凍の枝豆ならば通年簡単に手に入るようになりました。それも以前はサヤから豆を取り出したもの、それに他の野菜を加えた炒め物用ばかりでしたが、近頃はサヤ入りの冷凍が出回り始め、嬉しさ倍増。フレッシュのものはいまだ非常に手に入りにくいのですが、冷凍のサヤ入りでも十分贅沢な気分になれるので、文句はありません。

温めてそのまま食べる他、中華料理やアメリカ南部料理の炒め物に使ったり、14ページのフムスの半量に枝豆を加えてペーストにし、ずんだ餅もびっくりの枝豆フムスにするなど幅広く使われています。

さて、この枝豆ですが、外国語名はエキゾチックなのか？アメリカでは日本語名そのままのEdamameで流通しており、アメリカ英語ではエダマミやイダマミと呼びます（どちらもマにアクセント）。

ちなみに近頃は煎り大豆も一般的になったのですが、それの商品名がなんとEdamame。使われている大豆が緑大豆であることが多く、緑色の大豆＝枝豆ということなのでしょうか。さらに先日訪れたスーパーでは、煎り大豆をチョコレートでコーティングし、Edamame Chocolateの名称で販売している光景に遭遇。Edamameの名が勝手に一人歩きを始め、煎り大豆もEdamameと呼ばれるようになってしまいました。日本人としてはどうにも合点がいかず、商品を手に取るたびに心の中で「この名前はどうなの」と突っ込んでいます。

## ポットラックの心得

「何だかお洒落」というイメージなのか、日本でも広まり出した1品持ち寄りパーティーのポットラック。この本で紹介している料理や飲み物も、ポットラックに活用出来ます。元々イギリスやアイルランドで生まれた風習で（当時は少し意味合いが違っていましたが）、アメリカでは教会の信者同士や、同じ地域に住む人々の交流を目的とした持ち寄り食事会のイベントとして、100年ほど前から始まったようです。

現在のアメリカではポットラック式のパーティーはごくごく当たり前のことで、呼ぶほうも呼ばれるほうも慣れたもの。例えば温かい料理ならば、写真のようなスロークッカーという煮込み調理器やオーブンで調理済みのキャセロールごと料理を持参します。

しかし日本では「何をどうしたらいいのかイマイチよく分からない」という方もいらっしゃるでしょう。ここではポットラックを楽しんでいただくための簡単なアドバイスをしてみます。

まず日程が決まったら、ホストはポットラックである旨を必ずゲストに伝えます。次に、ホストは何を用意するのか、ゲストに何を持って来てもらいたいのかを伝えます。細かく「あなたは○○を持って来て」という必要はありません。それがゲストの得意料理で皆のリクエストなら大丈夫ですが、料理がそれほど得意ではない人にとってはプレッシャーになるかもしれないからです。かといって「何でもいいよ。気にしないで」はタブー。何故なら、ゲスト同士が知らずにメニューがかぶってしまうことがあるのです。想像してみてください。テーブルに並ぶ偏ったメニューに皆の気まずい顔。ディップが5品、メイン1品、デザートが7品、野菜料理一切なし……。これではホストの采配ミスになってしまいます。「サラダを1品お願い」や、料理が苦手な方には「赤ワインを1本お願いします」など、ジャンルを伝えてください。

ポットラックは基本的に手作りですが、趣向を変えて、全品ゲストのお勧め市販品にするのも情報交換になってよいかもしれません。

ゲストは、冷製や冷たいデザートを持参する場合、ホスト宅の冷蔵庫にスペースがあるか確認の配慮をすれば完璧です。

最後に、ホストは料理が残ったら持ち帰りをしてもらえるように、アルミホイルや紙皿、ラップなどを多めに用意しておくこと。皆で持ち寄ったのですから、帰りも公平に。これでホストの負担が少なめで、皆で楽しめるポットラックパーティーが開催できることでしょう。是非、気軽に集まってください。

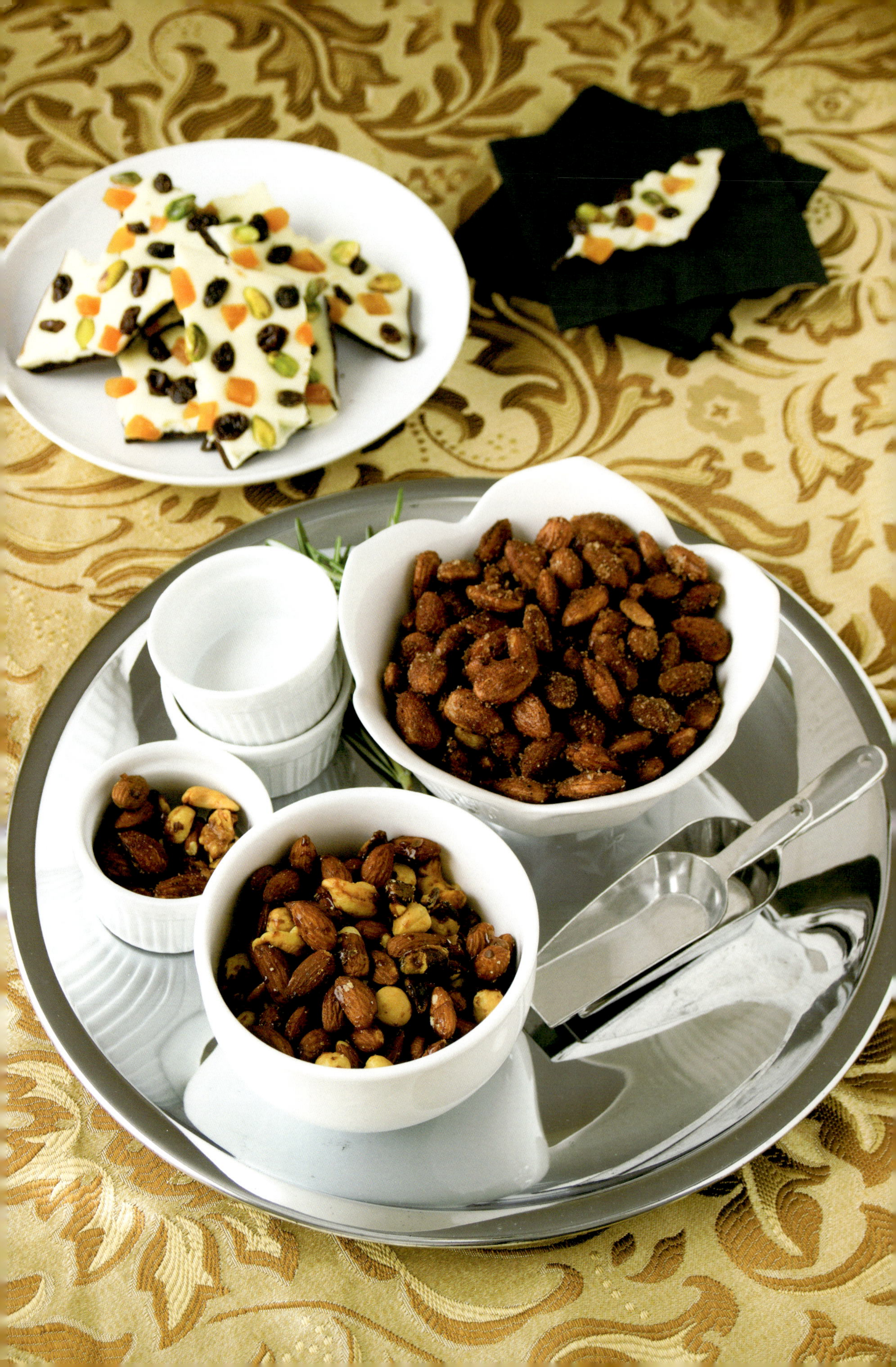

## ナッツなど
### Crunchy Munchies & More

塩味、甘塩っぱいもの、スパイスたっぷりと色々な味つけで楽しむナッツ類は、
アルコールのよいおともです。
甘いポップコーンやチョコレートまで登場して、
「酒のアテは塩味」と思わる方には意外かもしれませんが、
アメリカではこれらも立派なアテです。

# Sweet & Salty Almonds

# スイート＆ソルティーアーモンド

日本でも一般的になった甘いものに塩を加える組み合わせは、アメリカでは定番中の定番です。甘いだけでは飽きるものでも、塩味が入るとあとを引く美味しさに早変わり。一人で抱えて、うっかり食べ過ぎないようにご注意を。

**材料**（作りやすい分量）

素焼きアーモンド（無塩）* …… 200g

A［
グラニュー糖 …… 大さじ3
塩 …… 小さじ 1/3（2g）
シナモンパウダー …… 小さじ 1/2
黒胡椒 …… 小さじ 1/4
オールスパイスパウダー（オプション）
　…… 小さじ 1/2
］

B［
蜂蜜 …… 大さじ 1 + 1/2
水 …… 大さじ 1 + 1/2
植物油（キャノーラなど）…… 小さじ2
］

* 他の好みの素焼きナッツ（無塩）でも。

**作り方**

① Aは大きめのボウルに入れて混ぜ合わせておきます（ⓐ）。
② Bをフライパンに入れて中火にかけ、時々スパチュラで混ぜ、沸騰したらアーモンドを入れてシロップをからめるように混ぜます（ⓑ）。
③ ②の水分がほとんどなくなったら火から下ろし、①に入れて手早く全体を混ぜ、クッキングシート（パーチメントペーパー）を敷いた天パンに重ならないように広げて、完全に冷ませば出来上がりです。

**メモ**

◎ 密閉容器に入れ、常温で1週間保存出来ます。

# Curried Nuts

## カレー・ナッツ

あまり知られていませんが、アメリカのスーパーでも普通にカレー粉が買えます。どちらかというと、メイン料理ではなくアペタイザーやサイドディッシュの風味づけに使うことが多いようで、これもそのひとつです。

**材料**（作りやすい分量）

ミックスナッツ（無塩）…… 240g
植物油（キャノーラなど）…… 小さじ2
蜂蜜 …… 小さじ2
塩 …… 小さじ3/4
カレー粉 …… 小さじ1

### 作り方

① 大きめのボウルに植物油と、600Wの電子レンジで7秒ほど温めた蜂蜜を入れ、よく混ぜます。塩とカレー粉は小さな器で混ぜ合わせます。
② ①のボウルにミックスナッツを加えてざっと混ぜたら、塩とカレー粉を振り入れ（ⓐ）、全体にからめます。
③ 天パンにクッキングシート（パーチメントペーパー）を敷き、②を重ならないように広げ（ⓑ）、150℃（300°F）に予熱したオーブンで15〜17分焼きます（焼きムラや焦げを防ぐため、7分ごとに取り出してスパチュラで混ぜます）。天パンごと網にのせて再度混ぜ、完全に冷めたら密閉容器に移し、翌日よりいただきます。

### メモ
◎ 密閉容器に入れ、常温で1週間保存出来ます。

# Roasted Rosemary Walnuts

# ローズマリー・ウォルナッツ

おつまみ用のナッツと聞くと、ビールに合う塩味を思い浮かべる方が多いことでしょう。フレッシュハーブの風味がついたものは想像しにくいかもしれません。ローズマリーやタイムの組み合わせは、ワインやスパークリングワインによく合います。

### 材料 (作りやすい分量)

クルミ * …… 240g

A
- 塩 …… 小さじ 3/4
- 砂糖 …… 小さじ 1/2
- 黒胡椒 …… 小さじ 1/2
- カイエンペッパー ** …… 小さじ 1/8

植物油 (キャノーラなど) …… 大さじ1
ローズマリー (フレッシュ) …… 1枝 (葉を刻み大さじ1)
タイム (フレッシュ) …… 2枝 (刻んで小さじ1)

*他の好みのナッツ (無塩) でも。
**または一味唐辛子。

### 作り方

① 小さなボウルにAを入れて混ぜ合わせます。ローズマリーとタイムは包丁で粗みじんに刻んでおきます。(ⓐ)
② 大きめのボウルにクルミを入れて植物油をまわしかけ、Aを振り入れ、ローズマリーとタイムも加えてよく混ぜます (ⓑ)。
③ 天パンにクッキングシート (パーチメントペーパー) を敷き、②を重ならないように広げ、150℃ (300°F) に予熱したオーブンで15〜17分焼きます (焼きムラや焦げを防ぐため、7分ごとに取り出してスパチュラで混ぜます)。天パンごと網にのせ、完全に冷ませば出来上がりです。

### メモ

◎ 密閉容器に入れ、常温で1週間保存出来ます。

# Boiled Green Peanuts / Hot Peanuts

# ボイルド・ピーナッツ

「これぞアメリカ南部」。そういえるのが、このボイルド・ピーナッツです。生の殻付きピーナッツを茹でたもので、煎りピーナッツとは全く違った、煮豆のように柔らかくネットリした食感が楽しめます。

**材料**(作りやすい分量)

殻付きの生ピーナッツ …… 400g
塩 …… 大さじ1〜1+$\frac{1}{2}$
無塩のケイジャンシーズニング*(オプション) …… 大さじ2
水 …… 1.2ℓ

*7ページ参照。

**作り方**

① 流水でさっと洗った生ピーナッツ、塩、オプションのケイジャンシーズニングを圧力鍋に入れ(ⓐ)、分量の水を注いで蓋をし、強火にかけます。
② 圧力がかかったら弱火に落とし、30〜50分加圧したのち、火から下ろして自然に圧力が抜けたら(ピンが下りたら)蓋を外します(ⓑ)。そのまま常温に10〜20分ほど置いて味を馴染ませれば出来上がりです。殻をむいて、薄皮ごといただきます。

**メモ**

◎ 出来立てを食べる場合には塩は大さじ1+$\frac{1}{2}$、温め直す可能性がある場合は大さじ1で。冷めると出来立ての時より塩分が浸透するためです。
◎ 加圧時間に差があるのは、ピーナッツの品種が日本とアメリカでは違うためです。日本のものは約30分、アメリカのものは約50分を目安に加圧してください。
◎ 汁気を切って冷蔵で3日間、冷凍で6週間保存出来ます(少量のお湯で軽く茹でて温かい状態でお召し上がりください)。

# Caramel Popcorn

# キャラメル・ポップコーン

値札を二度見してしまう市販のキャラメル・ポップコーンですが、実は家庭で作れます。時間は少しかかりますが特に難しい工程はないので、お休みの日にでも作ってみてください。キッチンに漂う甘い香りを楽しんでから試食して、「甘い！」と驚きながらも手が止まらないことに気がつくかもしれません。

**材料**（作りやすい分量）

ポップコーン（薄塩）…… (日本組) 40g、（アメリカ組) 26g
有塩バター …… 56g
ブラウンシュガーまたは三温糖 …… 100g
コーンシロップ* …… 大さじ2(40g)
バニラオイル** …… 5〜6滴
重曹（ベーキングソーダ）…… 小さじ1/4
ピーナッツ（薄塩）…… 30g

*水アメ35gと熱湯5gを混ぜたものでも。
**またはバニラエッセンス適量。バニラエクストラクトの場合は小さじ1。

**作り方**

① 大きめのボウルの内側に指先で薄く植物油（キャノーラなど。材料外）を塗り、ポップコーンを入れます。

② 厚手の小鍋にバターを入れ中火にかけて溶かし、ブラウンシュガー（または三温糖）、コーンシロップを加え、時々スパチュラで混ぜながら加熱し、沸騰したら混ぜずに3分その状態を保ちます（ⓐ）。

③ ②を火から下ろし、バニラオイル、重曹を加え（少し泡立ちます）、軽く混ぜたら①のポップコーンにまわしかけ（ⓑ）、スパチュラでやさしく混ぜて全体にからめます。

④ 天パンにクッキングシート（パーチメントペーパー）を敷いて③を重ならないように広げてピーナッツを全体に散らし（ⓒ）、120℃（250°F）に予熱したオーブンで60分焼きます（焼きムラを防ぐため、20分ごとに取り出して軽く混ぜます）。ポップコーン同士がくっついていても気にしなくて大丈夫です。オーブンから取り出して天パンごと網にのせ、スパチュラで軽くほぐしてから（ⓓ）完全に冷ませば出来上がりです。

**メモ**

◎ 重曹にダマがある場合は、事前に指で潰しておきます。
◎ 密閉容器に入れて常温で5日間保存出来ます。

# Chocolate Bark

# チョコレート・バーク

ホリデーシーズンのギフトやアペタイザーとして登場するのが、チョコレート・バークです。鹿などが好むバーク(樹皮)に見立て、シート状に広げたチョコレートの上にトッピングを散らしたものです。完全にチョコレートが固まる前に次のチョコレートを流し入れると、混ざり合ってよりバークらしくなります。

### 材料（4〜6人分　28×19.5cmのバット1台分）

製菓用スイートチョコレート* …… 170g
製菓用ホワイトチョコレート …… 170g
ドライアプリコット …… 35g
レーズン …… 25g
好みのナッツ（無塩）** …… 15〜20g

*アメリカ組はセミスイートで。
**クルミ、ピカンナッツ（ペカンナッツ）、ピーナッツ、ピスタチオ、パンプキンシードなど。

### 作り方

① バットの内側に指先でごく薄く植物油（材料外）を塗り、クッキングシート（パーチメントペーパー）を敷きこみます。ドライアプリコットは1cm角に切ります。チョコレートはそれぞれ包丁で細かく刻みます（同じまな板を使う場合は、ホワイトチョコレートを先に）。(ⓐ)

② スイートチョコレートをボウルに入れて弱火の湯せんにかけ、時々スパチュラで混ぜながら溶かし、バットに流し入れて(ⓑ)スパチュラで均一に広げたのち、台に置いたままバットを左右に揺すってチョコレートを平らにします。粗熱が取れたら冷凍庫に約20分入れて冷やし固めます。

③ ホワイトチョコレートを②と同様に湯せんにかけて溶かし、混ぜながら常温に2分ほど置いてから(ⓒ)②の上に流し入れてスパチュラで手早く塗り広げ、左右に揺すって平らにします(ⓓ)。その上にドライアプリコット、レーズン、ナッツを均一に散らして(ⓔ)指先で軽く押し込み、粗熱が取れたら冷蔵庫で約1時間（または冷凍庫で約30分）、完全に固まるまで冷やします。

④ シートごと取り出し、手で割るか、好みの大きさに切り分ければ出来上がりです。常温でいただきます。

### メモ

◎ 密閉容器に入れて、冬場は常温で、夏場は冷蔵で1週間保存出来ます。
◎ スイートチョコレートが固まる前に、溶かしたホワイトチョコレートを数カ所に分けて落とし、フォークでマーブル状にしても。
◎ 大きいナッツの場合は適宜カットしてください。

## トレイル・ミックス

日本のミックスナッツというと、複数のナッツを塩で味つけしたものをイメージします。しかしアメリカのミックスナッツは塩味だけではありません。薄塩のアーモンドやピーナッツ、M&Mのようなチョコレートコーティング菓子、レーズン、ドライクランベリー、ドライパイナップルといったドライフルーツを混ぜた甘塩っぱいミックスナッツなど沢山の種類があり、パック詰めだけでなく量り売りもされています。これらはトレイル・ミックス（Trail Mix）と呼ばれ、Trail（辞書によると森林・原野・山地などの踏み分け道。山の小道の意味）の名の通り、元々はハイキングやロード・トリップ（車での旅行）のおともとして作られたようです。

塩っぱい、甘い、再び塩っぱいと口の中で常に味がリフレッシュされるので、いつまでも飽きないこの組み合わせは、家で普段食べるアペタイザーやおやつにしてもいいわけで、材料を適当に揃えて混ぜるだけなので簡単過ぎてレシピにはしませんでしたが、家庭で作れます。ちなみに市販品は、我が家のハリケーン用非常食セットの必需品です。ありがたいことに今のところシーズン中にそれらのお世話になったことはなく、ハリケーンの時期（6〜11月）が終わると、夫のビールのおともになります。

# 海を渡った「味好み」

日本で「乾き物」のおつまみのひとつに挙げられるのが、「柿ピー」や「味好み」のようなあられやナッツを混ぜた豆菓子の類です。食感がよく香ばしい米菓子、ピリッとしたワサビ粉をまぶしたワサビ豆、それらをつなぐピーナッツ。と、一度に色々な味が楽しめるので飽きません。こんなのがアメリカにもあったらいいのに……と思っていたら、そう考える人は多かったようで、いつの間にかアメリカの一般スーパーに日本(風)の味好みパックが並ぶようになりました。

それらは Party Mix や Oriental Rice Crackers、Arare Crackers、Zen Mix（アジアを意識した「禅」のこと）などと呼ばれ、最初はオリエンタルフードのコーナーにひっそりと。そして時間をかけて売り場面積を増やし、今ではアメリカのミックスナッツの隣に堂々と置いてあります。中でも人気はワサビ豆。アメリカでも馴染みのあるえんどう豆がサクサクとした食感のスナックになり、さらにオリエンタルなワサビ味。辛いもの好きの多いアメリカ人がこれを見逃すはずがなく、ミックス類の中に入れておくのは惜しいとばかり、あれよあれよという間に単品販売されるようになりました。グルメ系スーパーではお洒落食材なのか、ワサビ豆の量り売りまであります。

以前、アメリカ系の航空会社を利用して日本に一時帰国した際、飲み物サービス時のスナックに小袋の味好みが出ました。アメリカ人、日本人、日本経由でトランジットする方など多種揃った人種の乗客皆でごそごそと開封し、機内に広がる醤油の香りとポリポリ齧る音。「何なのこれ？」のような否定的な言葉は一切聞こえず、ヒソヒソと「これ、何だか分からないけど美味しいね」と前の席から聞こえて来た時は、全く知らない人なのに「そうでしょう！」と返事をしたくなったものです。

ただし、このアメリカ的味好みに小魚は入りません。広大なアメリカらしく内陸地では魚を苦手とする人が今も多く、「スナックに小魚だなんて！」と考える人も多いよう。そのせいか、どんなに日本風あられの種類が増えても、かたくなに小魚は入らないのでした。もし日本からアメリカの方へのお土産に味好みを持参するようなことがあれば、小魚は入っていないタイプにしたほうが無難です。

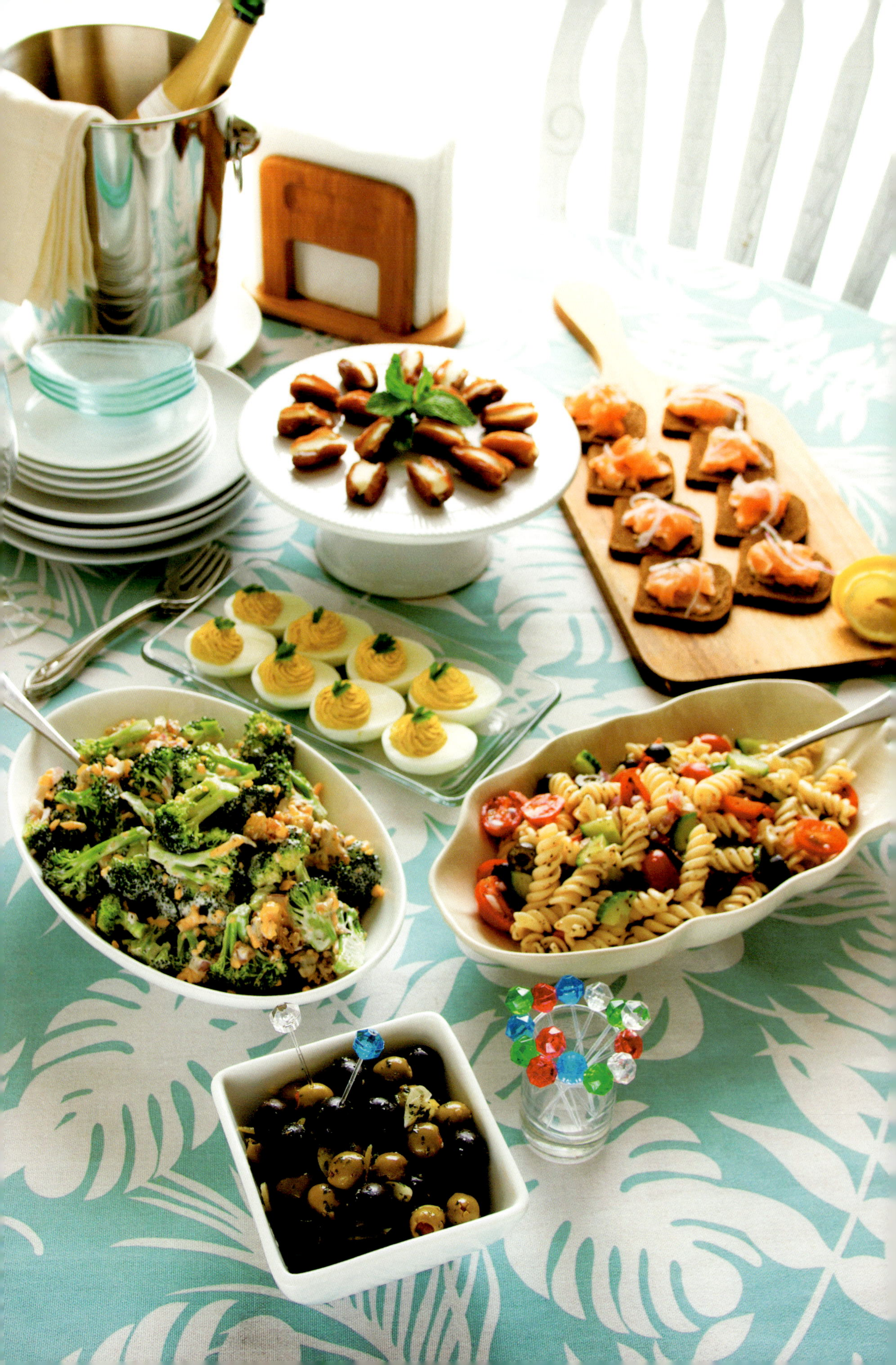

## コールド・アペタイザー
### Cold Appetizers, Anywhere, Anytime

クラシカルな前菜から、
進化系 SUSHI やデリのお惣菜っぽいアテまで幅広く集めました。
カジュアル、フォーマル、一部は普段の副菜として、
と様々なシーンで活用出来ます。
何気にヘルシー系が多いのも魅力です。

# Gravlax

# グラブラックス

北欧で好まれる生鮭の塩漬けグラブラックスは、アメリカでは一度消えかけ、近年復活した料理のひとつだと聞いています。材料を合わせて冷蔵庫で寝かせておくだけで、簡単にスモークサーモンのような食感に仕上がります（もちろんスモーク風味はつきませんが）。ここでは作りやすい分量で紹介します。

**材料**（3〜4人分）

生鮭（刺身用のサク）……250g
A ┌ 塩……大さじ1
　│ グラニュー糖……大さじ1
　└ 黒胡椒……小さじ1
ディル（フレッシュ）……10本

### 作り方

① 小さなボウルにAを入れ、混ぜ合わせます。ディルは茎を切り落とします（ⓐ）。
② チャック付き保存袋に鮭を入れ、片面にAとディル全量をのせます（ⓑ・ⓒ）。空気を抜きながら口を閉じ、Aを振った面を上にして、冷蔵庫で48〜72時間寝かせます。
③ ②のディルを取り除き（ⓓ）、流水で軽く洗ってAを落とし、キッチンペーパーでやさしく押さえるように水気を取ります。よく切れる包丁で薄く削ぎ切りにすれば（ⓔ）出来上がりです。

### メモ

◎ 冷蔵で3日間（水洗いせずにキッチンペーパーを使って拭うように塩を落とした場合は1週間）、冷凍で1カ月間保存出来ます（ラップで包み、チャック付きの保存袋に入れる）。
◎ サンドイッチや、揚げていないタイプのクラッカーなどによく合います。
◎ 切りにくい時は半冷凍（半解凍）して切り分けます。
◎ Aにすりおろしたレモンの皮1個分を加えても。

# Pickled Shrimp

# 海老のピクルス

南部料理である海老のピクルスの一般的なものは口がすぼまるほど酸っぱく、「美味しいのに酸味が強すぎてもったいない」と常々思っていました。本書では、海老と香味野菜の風味を生かせるよう、酸味を控えめに調整しています。スパイスがあればこしたことはありませんが、なくても大丈夫。ちゃんと出来ます。

### 材料（4〜6人分）

殻付き無頭海老 * …… 340g
玉ネギ …… 50g
セロリ …… 25g
レモン …… 1/2個

A
- 酢 ** …… 160g
- 水 …… 160g
- 塩 …… 小さじ1
- グラニュー糖 …… 小さじ1/2
- コリアンダーシード（オプション）…… 小さじ2
- マスタードシード（オプション）…… 小さじ1

B
- オリーブオイル …… 大さじ2
- 鷹の爪 …… 1本
- ベイリーフ（ローリエ）…… 1枚

\* 好みのサイズで。尾数の目安は小（サイズ規格36/40）で約27〜30尾、中（26/30）で約20〜23尾。
\*\*アップルサイダービネガー、白ワインビネガー、米酢など。

### 作り方

① 海老は尻尾を残して殻をむき、背ワタを取って熱湯で茹でて氷水でしめ、ザルで水気を切っておきます。玉ネギはタテ薄切り、セロリは薄切り（スジ取り不要）、レモンは2〜3mm厚の半月切りにします。

② Aを小鍋に入れて強めの中火にかけ、沸騰したら火から下ろして粗熱を取り、Bを加えて（ⓐ）冷まします。

③ ガラス製の蓋付き容器に①の海老と玉ネギ、セロリ、レモンを交互に入れて（ⓑ・ⓒ）②を注ぎ、海老が完全に液体につかるように清潔なスプーンの背で押し込み（ⓓ）、蓋をします。

④ 時々容器を上下に返して揺すりながら、冷蔵庫で24時間寝かせれば出来上がりです。

### メモ
◎ 冷蔵で4日間保存出来ます。

# Citrus Marinated Olives

## オリーブのマリネ

アメリカのグルメ系スーパーにはオリーブの量り売りがあり、手頃なカリフォルニア産からお高めな輸入品まで揃いますが、マリネしていない缶詰や瓶詰めを使って手作りすると市販品の半額くらいで出来るので、得した気分になります。

### 材料 (作りやすい量)

ニンニク …… 1〜2片
レモンの皮 …… 1個分
好みのオリーブ* …… 200g
*ブラック、カラマタ、グリーン、スタッフドオリーブなど。種入り・種抜きどちらでも。

A [
レモン果汁 …… 大さじ2（約1個分）
オレンジジュース …… 大さじ4
E.V.オリーブオイル …… 大さじ4
刻みパセリ …… 大さじ$1+\frac{1}{2}$
オレガノ（ドライ）…… 小さじ$\frac{1}{4}$
]

### 作り方

① ニンニクはヨコ薄切りにします（芽は取り除きます）。レモンの皮はピーラーでむいて黄色い部分のみを使用し、千切りにします。オリーブは汁気を切っておきます。(ⓐ)

② ①とAをボウル（またはガラス製の蓋付き容器）に入れ、大きなスプーンで全体を混ぜて（ⓑ）ラップをかけ（または付属の蓋をして）、冷蔵庫で24〜36時間寝かせれば出来上がりです。E.V.オリーブオイルが冷えて固まるので、常温に30分置いてからいただきます。

### メモ

◎ 冷蔵で1週間保存出来ます。
◎ ②のマリネの際、一味唐辛子や砕いた鷹の爪適量を加えるのもお勧めです。
◎ マリネ液を切ってオリーブを細かく刻み、薄切りハムと一緒にサンドイッチにしても。

# Prosciutto Wrapped Peaches

# 桃の生ハム巻き

アメリカでは、桃を皮付きで食べることがよくあります。この桃の生ハム巻きもそうです。最初はびっくりしましたが、慣れると悪くないものです。もちろん抵抗がある方はいらっしゃるでしょう。その場合は、湯むきしたものを使用してください。

**材料**（8切れ分）

桃 …… 大1個
生ハム …… 4枚
バジルまたはミント（フレッシュ）…… 8枚

**作り方**

① 桃は流水でよく洗い、皮付きのまま8等分に切り分けます。生ハムは1枚を縦半分に手で裂き、8枚用意します。
② 生ハムを広げてバジル（またはミント）の葉の裏側を上にしてのせ、桃を置いて（ⓐ）巻けば出来上がりです。

**メモ**

◎ 煮詰めたバルサミコビネガーを上からたらしても美味しくいただけます。
◎ 生ハムで巻いた後、強火のグリルでさっと焼いて、黒胡椒を振っても。

**アレンジ**

◎ 8等分に切った洋梨や、丸ごとまたはタテ半分に切ったイチジクでも同様に作れます（皮付き、皮なしどちらでも）。

# Tomato Aspic

# トマトゼリー

クラシカルなこの料理は、ランチョンと呼ばれるランチよりも改まった昼食で、アペタイザーやコースの最初の料理として登場することがあります。近年はラズベリーなどフレーバーつきの甘いゼリーの素で作ることが多いのですが、ここでは一番スタンダードなタイプをご紹介します。

**材料**（4〜6人分　480cc）

トマトジュース * …… 480g
粉ゼラチン …… 10g
A ┌ レモン果汁 …… 小さじ2
　├ おろし玉ネギ …… 小さじ1
　├ ウスタシャーソース（リーペリンなど）…… 小さじ1
　└ ホットソース（タバスコなど）…… 5〜6滴
セロリ …… 30g
サラダ菜 …… 4〜6枚
マヨネーズ …… 大さじ2

*有塩タイプを使用。

**作り方**

① 小鍋に半量のトマトジュースを入れて中火にかけ、粉ゼラチンを振り入れて（ⓐ）泡立て器で混ぜます。ゼラチンが溶けて沸騰したら火から下ろし、残りのトマトジュースを加え、粗熱を取ります。
② ①にAを加え（ⓑ）、鍋底に氷水をあてながらスパチュラで混ぜ、トロミがつくまで冷やします。
③ セロリを粗みじんに刻んで②に加え（ⓒ）、指先で薄く植物油（キャノーラなど。材料外）を塗った好みのゼリー型に流し入れ（ⓓ）、完全に固まるまで冷蔵庫で3〜8時間冷やします。
④ ナイフの背を使って（または型ごと熱湯に数秒つけて）型から取り出し、サラダ菜とマヨネーズを添えていただきます。

**メモ**
◎ 冷蔵で2日間保存出来ます。

# Wedge Salad

## ウェッジ・サラダ

サラダ作りを途中で止めてしまったような見た目ですが、手抜きではなく、これで完成です。あとはゲストが銘々に、皿の上でナイフとフォークを使って好みのサイズに切り分けていただきます。是非よく切れるナイフを用意してください。

**材料**（4人分）

スライスベーコン …… 1.5枚
トマト …… 100g
赤玉ネギ …… 30g
レタス …… 小1個
ランチ・ドレッシング* …… 180g
*120ページ参照。

### 作り方

① ベーコンはフライパンでカリカリに焼いてキッチンペーパーで脂を切り、冷めたら手で粗く砕きます。トマトと赤玉ネギはさいの目に切ります（玉ネギの辛味が苦手な場合は水にさらしても）。(ⓐ) 冷蔵庫で冷やしておいたレタスは芯を取り、タテ4等分に切り分けます（ⓑ）。

② レタスを皿にのせてランチ・ドレッシングをかけ、上からトマト、赤玉ネギ、ベーコンを散らせば出来上がりです。ナイフとフォークでいただきます。

### メモ

◎ ランチ・ドレッシングの他に、ブルーチーズ・ディップ（121ページ）を合わせても。

# Waldorf Salad

## ウォルドーフ・サラダ

ニューヨークの高級ホテル生まれのサラダです。オリジナルはマヨネーズベースですが、現在、発祥のホテルではこれにマヨネーズを使わなくなっており、今では家庭やスーパーのデリがオリジナルの味を守っています。

### 材料（4人分）

リンゴ* …… 1.5～2個（420g）
レモン果汁 …… 小さじ2
セロリ …… 1本（60g）
クルミ …… 30g

A ｜ レーズン …… 大さじ3
｜ マヨネーズ …… 大さじ3＋$\frac{1}{2}$
｜ 白胡椒 …… 少々

* 出来れば2品種用意。

### 作り方

① リンゴは表面を水でぬらし、粗塩か重曹（材料外）をたっぷりつけて両手のひらでこすり洗いをし（表面の残留農薬、ワックスを取るため）、よく水ですすいでから皮ごと一口大に切って（芯は取る）、レモン果汁をまわしかけます。
② セロリは1cm角に切り（スジ取り不要）、クルミは乾煎りして手で粗く砕きます。
③ ボウルに①、②とAを入れて大きめのスプーンで混ぜ合わせ（ⓐ・ⓑ）、冷蔵庫で2時間冷やせば出来上がりです。

### メモ

◎ リンゴから水分が出てくるので、当日中に召し上がってください。
◎ マヨネーズの代わりに、水切りヨーグルトやギリシャヨーグルトを使っても。

# Asian Slaw

# アジアン・スロー

日本人が欧米の料理をお洒落と感じるように、アメリカでもアジアの料理をそう考える人が多いようです。その象徴のひとつがこのサラダです。特定の国ではなく、ひとまとめで「アジア」と呼んでしまう、いわばアジアのいいところ取りで、初めて食べる日本人にとっても妙に懐かしい味がします。

### 材料 (4人分)

キャベツまたは白菜 …… 270g

人参 …… 30g

赤玉ネギ …… 30g

青ネギ …… 約1本(正味15g)

A
- おろし生姜 …… 小さじ1
- ブラウンシュガー(または三温糖) …… 大さじ1+$\frac{1}{2}$
- 米酢 …… 大さじ1
- 醤油 …… 大さじ1
- 植物油(キャノーラなど) …… 大さじ1
- ゴマ油 …… 大さじ$\frac{1}{2}$
- 炒りゴマ(白) …… 大さじ$\frac{1}{2}$

素揚げしたワンタンの皮(細切り)* …… 適量(4枚分ほど)

香菜またはミント(オプション) …… 適宜

*粗く刻んだ無塩のピーナッツ大さじ2でも可。

### 作り方

① キャベツ(または白菜)は5mm幅のザク切り、人参は千切り、赤玉ネギはタテ薄切り、ネギは斜め薄切りにして大きめのボウルに入れ(ⓐ)、ラップをかけて冷蔵庫で冷やします(この状態で24時間保存可)。

② 別のボウルにAを入れてよく混ぜ、ドレッシングを作ります(ⓑ)。①にドレッシングをからめて皿に盛り、揚げたワンタンの皮と、オプションで香菜(またはミント)を散らせば出来上がりです。

### メモ

◎ 野菜から水分が出るので、作り置きはしないこと。

# Broccoli Salad

## ブロッコリーのサラダ

レシピを読み進めて「あれ？」と思う方がいらっしゃるでしょう。そう、このサラダのブロッコリーは茹でずに生で食べるのです。生ブロッコリーはえぐみもなく、甘く、新鮮な発見だと思います。もちろん、丁寧に水洗いしてから使ってください。

### 材料（4～6人分）

- ブロッコリー ……… 300g
- 赤玉ネギ ……… 40g
- チェダーチーズ ……… 60g
- クルミ（オプション）……… 30g
- レーズン ……… 大さじ3

A
- マヨネーズ ……… 100g
- レモン果汁 ……… 小さじ2
- グラニュー糖 ……… 小さじ1
- 黒胡椒 ……… 小さじ$1/8$

### 作り方

① ブロッコリーは流水で洗って水気をよく切り、小さめの一口サイズに切ります（軸もピーラーで皮をむいて使います）。赤玉ネギは5mm角に切り、チェダーチーズはチーズおろしを使うか、包丁で細切りにします。クルミは乾煎りして手で粗く砕きます。

② ボウルにAと①、レーズンを入れて大きめのスプーンでよく混ぜ（チェダーチーズは細かく砕けます）（ⓐ・ⓑ）、冷蔵庫で約3時間冷やせば出来上がりです。

### メモ

◎ 冷蔵で2日間保存出来ます。

# Curried Deviled Eggs

## カレー風味デビルド・エッグ

ゆで卵の黄身に味つけをして白身に詰めるデビルド・エッグはアメリカン・アペタイザーの大定番です。基本の調味料はマヨネーズと黒胡椒ですが、カレー風味、刻んだピクルス入りや茹で海老をトッピングする等、バリエーションが色々あります。

### 材料（8個分）

卵 …… 4個
セロリ …… 10g

A [
マヨネーズ …… 大さじ3
ディジョンマスタード …… 小さじ1
カレー粉 …… 小さじ1
塩 …… 少々
グラニュー糖 …… 小さじ1/4
]

パセリ …… 適量

### 作り方

① 卵は鍋に入れてかぶるくらいの水を注ぎ、蓋をして強火にかけます。沸騰したら火から下ろして蓋をしたまま約13分余熱で火を通し、水にとって殻をむきます。
② セロリはみじん切りにします。
③ ゆで卵を縦半分に切って黄身を取り出し、フォークで潰すか裏ごしして、セロリとAを加えてよく混ぜます（ⓐ・ⓑ）。
④ スプーンか絞り出し袋を使って③を白身に詰め、パセリを飾れば出来上がりです。

### メモ

◎ 白身の底になる部位を薄く包丁で削ぐと、皿に置いた時の安定がよくなります。
◎ パセリの代わりにセロリの葉（小さめのもの）を使っても。

# Oyster Shooters

## オイスター・シューター

「生魚は苦手。でも生牡蠣は好き」というアメリカ人は多くいます。この料理はカクテル・ソースと生牡蠣をショットグラスに入れ、レモンを絞っていただきますが、ソースとレモンの入れ過ぎにはご注意を。むせる原因となり、大惨事になります。

### 材料 (グラス8個分)

生牡蠣（生食用のむき身）……8粒
レモン……1個
カクテル・ソース*……80g
*121ページ参照。

### 作り方

① 生牡蠣はザルに入れ、流水で軽く洗って水気を切ります。レモンは8等分のくし形に切り分けます。
② ショットグラスに生牡蠣を一粒ずつ入れ（ⓐ）、冷やしておいたカクテル・ソースを小さじ1＋1/2ずつ加え（ⓑ）、レモンを添えれば出来上がりです。食べる直前に各自でレモンを絞り入れ、飲むように一口でいただきます。

### メモ

◎ 生牡蠣とカクテル・ソースを入れたショットグラスに、ウォッカ小さじ2を加えても。
◎ 茹で海老にカクテル・ソース適量を添えると、シュリンプ・カクテルになります。

# Stuffed Dates

## スタッフド・デーツ

常々「これほど簡単にデーツの魅力を引き出すアペタイザーはない！」と思っているのがこれです。ボソボソして中途半端に甘いデーツが、クリームチーズに出会うだけでいとも簡単に魅力的な味になるとは驚きです。

**材料**（20個分）

デーツ * …… 20個

クリームチーズ …… 100g

* ドライプルーンでも可。

### 作り方

① デーツは小さな包丁で縦長に切り目を入れ、種があれば取り除きます。クリームチーズは常温に戻しておきます。

② スプーンか絞り出し袋を使って、クリームチーズを小さじ1程度ずつデーツに詰めれば ⓐ 出来上がりです。

### メモ

◎ 密閉容器に入れ、冷蔵で2日間保存可能。常温に戻してからいただきます。

◎ デーツがかたい場合は、ぬるま湯に約15分浸けて水気を拭き取って使用します。

◎ ブルーチーズやゴートチーズ（山羊乳のチーズ）を使っても。

### アレンジ

◎ スライスベーコンをフライパンでさっと焼いて切り分けてデーツに巻き付け、焦げ防止に水に約15分浸した爪楊枝で留め、230℃（450℉）に予熱したオーブンの上火で軽く焼くと、ベーコンラップド・スタッフド・デーツになります。

# Pasta Salad

# パスタ・サラダ

アメリカのサラダには、意外にもこのようにカラフルでちょっぴりヘルシー路線のものがあります。パスタ・サラダはデリで一般的なもので、主にショートパスタを使います。アルデンテで茹で上げると冷やしている間にかたくなるので、明らかに茹で過ぎなくらい柔らかくするのがコツです。

### 材料（4人分）

- ショートパスタ* …… 80g
- プチトマト …… 100g
- キュウリ …… 50g
- 赤または黄パプリカ …… 30g
- 赤玉ネギ …… 35g
- ブラックオリーブ（輪切り）…… 25g

A
- オリーブオイル …… 大さじ2
- レモン果汁** …… 大さじ1（約$\frac{1}{2}$個分）
- 塩 …… 小さじ$\frac{1}{2}$
- グラニュー糖 …… 小さじ$\frac{1}{2}$
- 黒胡椒 …… 小さじ$\frac{1}{8}$
- バジル（ドライ）…… 小さじ$\frac{1}{3}$
- オレガノ（ドライ）…… 小さじ$\frac{1}{4}$

*ペンネ、ファルファッレ、フジッリ、ロティーニなど。
**アップルサイダービネガーでも可。

### 作り方

① ショートパスタはパッケージの指示時間通りに茹でて火から下ろし、茹で汁につけたまま10分常温に置いた後、ザルにあけて水洗いをし（ⓐ・ⓑ）、水気を切っておきます。

② プチトマトは縦半分に、キュウリは5mm厚の半月またはいちょう切り（日本のキュウリは半月切り、アメリカのキュウリは大きいのでいちょう切りがベスト）、パプリカは1cm角、赤玉ネギは5mm角に切ります（ⓒ）。

③ 大きめのボウルにAを入れてよく混ぜ、①②、ブラックオリーブを入れて大きなスプーンで全体を混ぜ合わせ（ⓓ・ⓔ）、ラップをかけて冷蔵庫で30分〜1時間冷やせば出来上がりです。

### メモ

◎ 冷蔵で2日間保存可能。長時間冷やしたものは、15分ほど常温に置いてから供します。
◎ 玉ネギの辛味が苦手な場合は、切った後、約10分水にさらして使ってください。
◎ ③に好みで粉チーズ適量を加えても。

# California Roll

# カリフォルニア・ロール

アメリカ在住の日本人寿司職人が、当時、生魚や海苔が苦手だったアメリカ人のために考案したのがカリフォルニア・ロールです。現在は喜々として生魚のにぎり寿司や巻き物を選ぶアメリカ人を見かけるようになりました。その後のアメリカ独自のSUSHI進化は否めませんが、先達の努力と工夫には頭が下がります。

### 材料（細巻き3本分）

米（短粒種）……1合（180g）
A* ┌ 米酢……26g
   │ グラニュー糖または上白糖……13g
   └ 塩……小さじ$\frac{1}{2}$

キュウリ……30g
カニカマ**……6本
アボカド……$\frac{1}{2}$個
炒りゴマ（白、黒）……各大さじ1
焼き海苔……1枚半

*市販のすし酢を使用しても
（分量はラベル説明参照）。
**アメリカ組は3本。

### 作り方

① 米を研いでややかために炊き、10分蒸らします。小さめのボウルにAを入れてよく混ぜ、すし酢を作っておきます。

② 大きめのボウルに①の白飯を入れ、すし酢を回しかけてしゃもじで切るように混ぜ（ⓐ）、ラップをして約3分蒸らした後、再度軽く混ぜ、完全に冷ましておきます（その後しばらく置く場合はラップまたは水で湿らせて固く絞った清潔な布巾をかぶせておきます）。

③ キュウリは斜め薄切りにして細切りにします。カニカマは海苔全型（タテ21×ヨコ19cm）のタテの長さに合わせてはみ出る分を調整し、タテ半分に切り分けます。アボカドはタテ9等分に切ります（アボカドの切り分けは巻く直前に）。炒りゴマ2種類は小皿に入れて混ぜ合わせます。（ⓑ）巻き簾はラップで包んでおきます。

④ 海苔は全型をタテ半分に切り分け、両面を直火でさっとあぶり、裏（ザラついたほう）を上にして巻き簾の上にのせます。水で薄めた酢（米酢1：水1　材料外）を指先につけながらすし飯の$\frac{1}{3}$量を広げ、炒りゴマの$\frac{1}{3}$量（小さじ2）を全体に振ります。（ⓒ）

⑤ ④をひっくり返して海苔の面を上にし、カニカマ$\frac{1}{3}$量、キュウリ$\frac{1}{3}$量、アボカド3切れを中心より少し手前にのせて（ⓓ）巻き込み、巻き簾で形を整えます（ⓔ）。同じ要領で残り2本分も作り、それぞれラップをかぶせ、ラップごと8等分に切り分けます。ラップをそっとはがし、皿に盛れば出来上がりです。

### メモ

◎ 裏巻きは醤油を吸いやすいので、つけ過ぎに注意してください。
◎ 最少量の米1合での配合を明記しています。2〜3合で作る場合には同じ比率で具材を増やしてください。
◎ 飯台を使う場合は、②のラップの代わりに水で湿らせて固く絞った清潔な布巾をかぶせて蒸らします。

# Spicy Tuna Roll

# スパイシー・ツナロール

いわゆるSUSHIの中で、これは日本人にも受けるのでは？と思うもののひとつが、スパイシー・ツナロールです。辛味をつけたゴマ油入りのネギトロ風の具を芯にして、ロールケーキのように巻き込んだもので、上からピリ辛マヨネーズをかけるのも日本の回る寿司屋を彷彿とさせます。サーモンでも同様に作れます。

### 材料（2本分）

マグロ（刺身用のサク）…… 130g
青ネギ …… 約1本（正味15g）
豆板醤* …… 小さじ1/2
ゴマ油 …… 小さじ1
アボカド …… 1/2個
焼き海苔 …… 1枚
すし飯** …… 米1合分
A [ 豆板醤* …… 小さじ1/2
    マヨネーズ …… 大さじ1+1/2 ]

*同量のコチュジャンやシラチャ・チリソース（タイ由来のホットソース）でも。
**材料・作り方は61ページ。

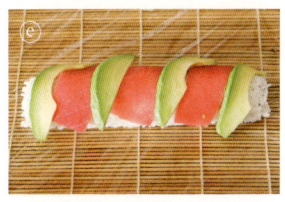

### 作り方

① マグロは薄造りの刺身6〜8枚分を切り分け、ラップをかけて冷やしておきます（ⓐ）。残りは細かく刻み、小口切りにした青ネギ、豆板醤、ゴマ油と合わせて（ⓑ）冷蔵庫で30分冷やします。巻き簀はラップで包んでおきます。

② 海苔は全型（タテ21×ヨコ19cm）をヨコ2等分に切り分け、両面を直火でさっとあぶり、裏（ザラついたほう）を上にして巻き簀の上にのせます。水で薄めた酢（米酢1：水1　材料外）を指先につけながらすし飯の1/2量を全体に広げ、ひっくり返し、①の刻んだマグロ1/2量を中心より少し手前にのせて巻き込みます（ⓒ・ⓓ）。

③ アボカドを8〜9等分の薄切りにします。

④ ②の上に斜めに角度をつけてマグロの刺身3〜4枚とアボカド4〜5枚を交互に並べ（ⓔ）、巻き簀で形を整えます。同じ要領でもう1本も作り、ラップをかぶせて8等分に切り分け、ラップをはがして皿に盛ります。

⑤ Aを小さなボウルで混ぜ合わせ、チャック付きの保存袋に入れて空気を抜きながら口を閉じて角を小さく切り（ⓕ）、④の上に斜めに絞り出せば出来上がりです。

### メモ

◎ アボカドの色が変わるので、作り置きはしないでください。
◎ マグロの代わりにサーモンを使うと、スパイシー・サーモンロールになります。

# 名前が大事、アメリカ巻き寿司

本書でレシピを紹介しているカリフォルニア・ロールとスパイシー・ツナロール。どちらもアメリカで人気の巻き寿司です。他にどんな巻き物がアメリカで好まれているかご存じでしょうか。ここではそのごく一部をご紹介したいと思います。

まずはドラゴン・ロール（Dragon Roll）。立派な名前のそれはうなぎとカニのほぐし身（またはカニカマ）、キュウリを芯に裏巻きにし、上から薄切りのアボカドを並べて鱗に見立て、切り分けて龍がうねるようにS字形に並べた寿司です。店によっては、その上からうなぎのタレをチューブでお洒落に絞り出したり、揚げ玉ネギや揚げ玉をトッピングします。

フィラデルフィア・ロール（Philadelphia Roll）。これはクリームチーズとスモークサーモンを巻いたものです。クラフト社のフィラデルフィア・クリームチーズを使うことが多いのでこの名前になりました。

そして、日本人にとって珍しい食材を使ったスパイダー・ロール（Spider Roll）。えっ、スパイダー!?と引きそうな名前ですが、ソフトシェルクラブ（脱皮したてのカニ）をから揚げにして巻いたもので、寿司の端から見えるカニの爪や足をスパイダーに見立てています。名前から食欲は湧きませんが、なかなか美味しい巻き寿司です。

その他、ヘルシー志向だとブラウンライス・スシ（Brown Rice Sushi）。短粒種のカリフォルニア米を使った玄米寿司で、ぱっと見は蕎麦寿司に似ています。これがなかなかのくせ者で、出来立てはまあ悪くないのですが、デリコーナーなどで冷やしてパック売りされてしまうとボソボソした食感で、「これを寿司と呼ばないで」と泣きたくなる代物も。

このようにアメリカで独自の進化を遂げている寿司ですが、お洒落なパーティーフードになっている姿を見ると「"寿司"という感覚はないけれど、"SUSHI"としてならば、悪くないよね」と思いながら、アメリカの田舎の日本料理店で、あまりにも間違った日本料理が出ると憤慨する私の感覚は、どこか矛盾しているのかもしれません。

なお、カッパ巻き、かんぴょう巻き、新香巻き、ベーシックな太巻きなどはあまり一般的ではなく、とにかくひたすら派手、華やかなほうが受けるようです。

# パーティー用品専門店

アメリカ在住の方なら一度はお世話になるかもしれないお店があります。それはパーティー用品の専門店です。全米展開の有名どころならパーティー・シティ（Party City）でしょう。どんな製品が置いてあるのかというと、カクテル用、ディナー用、ゲストタオル用と色や柄だけでなくサイズも揃う紙ナプキン、紙皿、プラスチック皿、バッフェ（ビュッフェ）風に料理を出すためのアルミ製容器に保温用の固形燃料、カクテル用のプラスチック製グラス、手作り結婚式用の備品、ベビーシャワー（出産前の女性に赤ちゃん用品などをプレゼントするパーティー）グッズ、様々なメッセージ付きの風船などなど。パーティーに関連する小物ならほとんど何でも揃います。

パーティー用品だけで果たして儲けはあるのだろうか？と思っていたのですが、

| | |
|---|---|
| 1月 | 年始のニューイヤーズパーティー |
| 2月 | バレンタインデー |
| 3〜4月 | セントパトリックデー（アイリッシュ系が祝う、聖パトリックの命日）、イースター（キリスト教の復活祭） |
| 5月 | 母の日 |
| 6月 | 父の日 |
| 6〜7月 | 卒業シーズン（卒業パーティー）、独立記念日のBBQ |
| 8月 | ルアウ（元々は季節に関係ないハワイのパーティーですが、8月はイベントが少ないので「とりあえずメインランドでも楽しめるように、イベントにしておけ」ということのよう） |
| 9〜10月 | ハロウィン（ハロウィンは10月末ですが、9月、早いところは8月末から関連グッズが売られ、この時は臨時試着室を設けて乳児用〜大人向けのコスチュームも売ります） |
| 11月 | 感謝祭 |
| 12月 | クリスマス |

と、祝日やバースデーパーティー以外にも毎月何かしらのイベントが行われるので需要があるのでしょう。近頃はアジア系アメリカ人が増えたためか、チャイナタウンが近くなくても、年が明ければチャイニーズニューイヤーと呼んで旧正月グッズまで並んでいます。また、パーティー・シティに限らず、大型小売量販店（Wal-Mart、TARGETなど）やアメリカ版100円ショップ（Dollar Store）でもパーティー用品のコーナーがあります。

どれだけパーティー好きなのだと若干呆れるとともに、本当に人と繋がるのが好きなんだなあと思ったり。使い捨て製品ばかりで環境に優しいのかという問題は置いておいても、気軽にパーティーを開くための用品が無理せずに手に入るのは、よいことなのかもしれません。

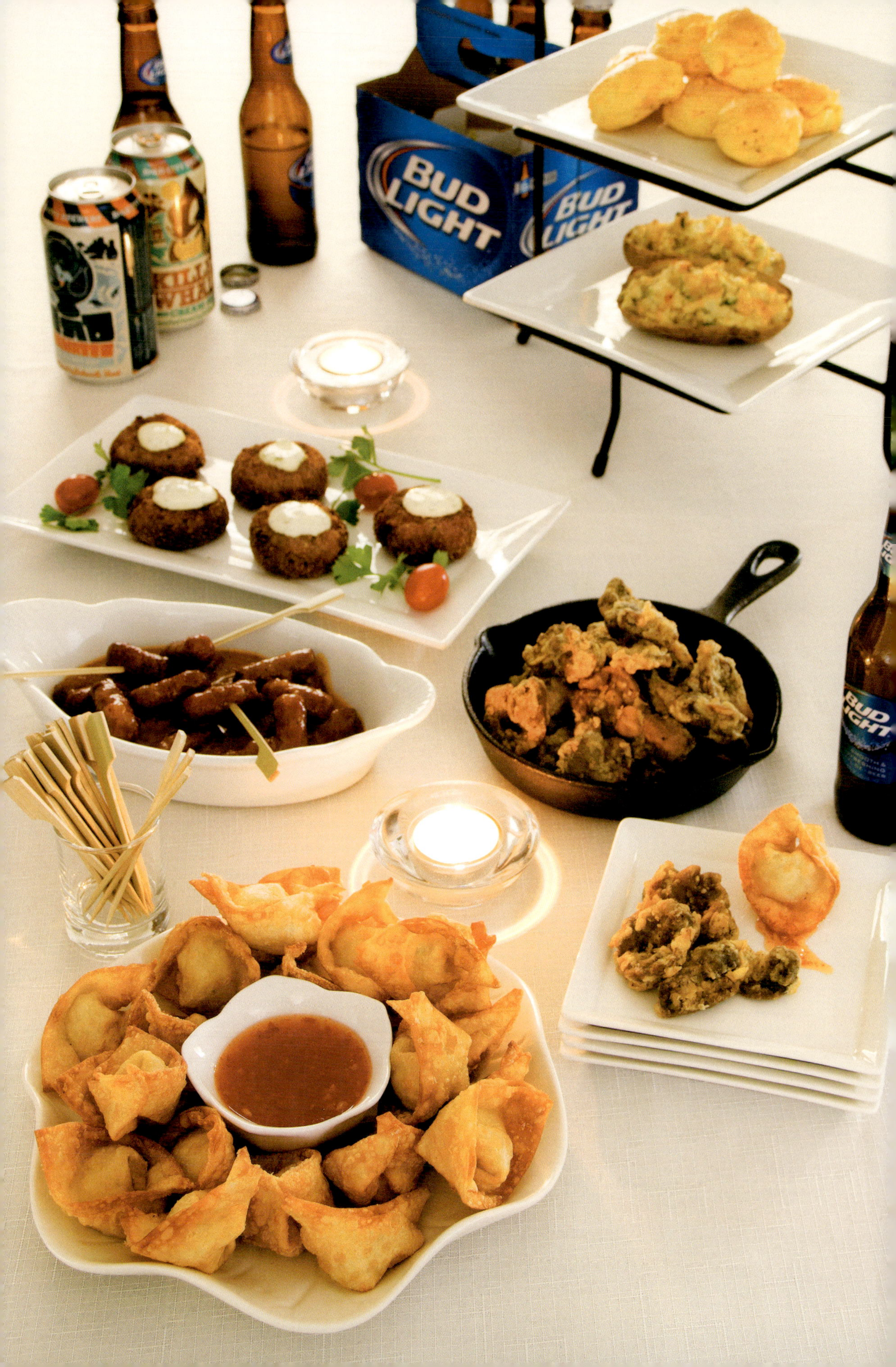
BUD LIGHT
BUD LIGHT

## ホット・アペタイザー
### Hot Appetizers, mm...Good

輸入物の市販品や
レストランでしか味わえないと思われているものが、
家庭でも作れます。
アメリカの味をご存じの方には懐かしがってもらえるかもしれません。
秋冬のホリデーシーズンによく登場する
メニューも用意しました。

# Buffalo Chicken Wings

# バッファロー・ウイング

ニューヨーク州バッファロー生まれのバッファロー・ウイング。こよなく愛するアメリカ人（特に男性）は数多く、何故かピザ屋のサイドメニューにもなっています。とりわけフットボールシーズンには欠かせないもので、シーズン中はこれを食べながら、お気に入りのチームをテレビ前で応援するのが王道です。

### 材料（4人分）

鶏手羽（手羽元、手羽中）…… 合計16本
A ┌ おろしニンニク …… 小さじ $1/4$
　├ 塩 …… 小さじ $1/4$
　└ 黒胡椒 …… 小さじ $1/8$
有塩バター …… 56g
ホットソース（タバスコなど）…… 大さじ $2+1/2$
揚げ油（キャノーラ）…… 適量
ブルーチーズ・ディップ* …… 適量
セロリスティック …… 適量

*121ページ参照。

### 作り方

① 鶏手羽をボウルに入れてAをもみ込み（ⓐ・ⓑ）、ラップをかけて冷蔵庫で30〜60分寝かせます（この状態で24時間保存可）。

② 小鍋にバターとホットソースを入れて弱火にかけ、バターが溶けたらよく混ぜて火から下ろします（バターとホットソースが分離するので、沸騰させないこと）（ⓒ）。

③ 厚手の鍋に深さ約4cmの揚げ油を入れて、190℃（375°F）に熱します。①を鍋に入れ（油はねに注意）、時々返しながら色づいて完全に火が通るまで約10分揚げ、網の上で油を切ります（ⓓ・ⓔ）。

④ ③を大きめのボウルに入れて②を回しかけ（ⓕ）、全体にからめたら出来上がりです。セロリスティックとたっぷりのブルーチーズ・ディップを添えていただきます。

### メモ

◎ ソースにブラウンシュガー（または三温糖）か、蜂蜜小さじ1を加えても。
◎ ホットソースはメーカーによりかなり辛味が異なるので、好みで量を調整してください。
◎ 先に揚げた手羽は、120℃（250°F）に予熱したオーブンで保温しておくと、後から揚げたものと同じ温かさで供することが出来ます（天パン、網、揚げた鶏手羽の順番にのせて、網の下に空間があるように）。
◎ 油が汚れやすい料理のため、他の揚げ物料理と同時に作る場合には、これを最後にしてください。
◎ ブルーチーズ・ディップの他に、ランチ・ドレッシング（120ページ）をディップとして使うのもお勧めです。

# Coconut Shrimp

# ココナッツ・シュリンプ

パン粉をまぶした海老フライもいいですが、これもなかなかのもの。口にするとココナッツの香りがふんわりただよい、アメリカ人はカリブの島国を想像します。日本人なら東南アジアを想像するかもしれません。意外ですが様々なディッピングソースと合い、ココナッツの懐の深さを感じます。

## 材料（4人分）

A ［ 小麦粉（薄力粉または中力粉）…… 75g
　　ベーキングパウダー …… 小さじ $\frac{1}{4}$
　　塩 …… 小さじ $\frac{1}{2}$
　　黒胡椒 …… 小さじ $\frac{1}{4}$
　　水 …… 120g ］

殻付き無頭海老* …… 380g（約22〜25尾）
ココナッツフレーク（ファインまたはロング）** …… 40〜50g
揚げ油（キャノーラなど）…… 適量
好みのディッピングソース …… 適量

*ブラックタイガーサイズ（サイズ規格26/30）。
**アメリカ組は甘味のついていないもので。

## 作り方

① ボウルにAを入れて泡立て器でなめらかになるまで混ぜ、ラップをかけて常温に30分置きます（ⓐ）。
② 海老は尻尾を残して殻をむき、背ワタを取って（ⓑ）さっと水洗いし、キッチンペーパーで水気を拭き取ります。
③ 海老の尻尾を持って①にくぐらせ（ⓒ）、全体にココナッツフレークをまぶし、クッキングシート（パーチメントペーパー）を敷いたバットに並べて（ⓓ）冷蔵庫で10分冷やします。
④ 厚手の鍋かフライパンに深さ約1.5cmの揚げ油を入れて175℃（350°F）に熱します。③を重ならないように油に入れ、時々返しながらココナッツフレークがこんがり色づくまで約2分揚げ（ⓔ・ⓕ）、網の上で油を切れば出来上がりです。好みのディッピングソース（120〜125ページ）を添えていただきます。

## メモ

◎ スイートチリソース（市販品）を合わせるのもお勧めです。

# Fried Chicken Fingers

# チキン・フィンガーズ

一瞬、考えてしまう料理名ですが、指でつまめるフライドチキンということで、この名前になっていて、アメリカのキッズメニューにはフレンチ・フライ付きのこれをよく見かけます。ササミで作ると、チキン・テンダーズ（ササミの英語名は Chicken Tenderloin）と呼びます。

### 材料（4人分）

皮なし鶏胸肉 …… 1枚（300g）

A
- 中力粉* …… 150g
- ベーキングパウダー …… 小さじ $\frac{1}{2}$
- 塩 …… 小さじ $\frac{3}{4}$
- パプリカパウダー …… 小さじ $\frac{1}{2}$
- 黒胡椒 …… 小さじ $\frac{1}{4}$
- 白胡椒 …… 小さじ $\frac{1}{8}$
- ガーリックパウダー …… 小さじ $\frac{1}{4}$

卵 …… $\frac{1}{2}$個（正味25g）
牛乳 …… 100g
揚げ油（キャノーラなど）…… 適量
好みのディッピングソース …… 適量

*薄力粉と強力粉を同量合わせて代用も可。

### 作り方

① 鶏肉は1.2cm幅に切ります（ⓐ）。
② ボウルにAを入れ、泡立て器でよく混ぜ合わせます。別のボウルに卵を割りほぐして牛乳を加えて混ぜます。（ⓑ）
③ 鶏肉を粉類、卵液、粉類の順番にくぐらせて余分な粉を軽く振り落とします（ⓒ・ⓓ）。
④ 厚手の鍋に深さ約3cmの揚げ油を入れて175℃（350°F）に熱します。③を入れ、時々返しながら衣が色づいてカリッとなるまで5〜7分揚げ（ⓔ・ⓕ）、網の上で油を切れば出来上がりです。好みのディッピングソース（120〜125ページ）を添えていただきます。

### メモ

◎ 温め直すとパサつくので、作り立てを召し上がってください。
◎ オプションで、Aにタイムパウダー（小さじ $\frac{1}{4}$）、クミンパウダー（小さじ $\frac{1}{8}$）、オールスパイスパウダー（小さじ $\frac{1}{8}$）を加えても。

# Beer-Battered Onion Rings

## オニオン・リング

玉ネギ好きにはたまらないオニオン・リング。衣にビールを使うことで、サクサクとした食感に仕上がります。この料理の場合、水分の多い新玉ネギだと、せっかくのサクサク感が失われやすいので、避けたほうが無難です。

### 材料（4人分）

玉ネギ …… 1〜2個

A
- 中力粉* …… 75g
- 塩 …… 小さじ 3/4
- 黒胡椒 …… 小さじ 1/4

ビール（ラガーまたはペールエール）…… 130g
揚げ油（キャノーラ）…… 適量

*薄力粉と強力粉を同量合わせて代用も可。

### 作り方

① Aをボウルに入れてビール（常温または冷えていても可）を少しずつ注ぎ入れ、粉気がなくなるまで泡立て器で混ぜたらラップをして約30分冷蔵庫で冷やします。
② 玉ネギは1.2cm厚の輪切りにしてほぐします。中心部位（直径約3.5cm以下）はここでは使いません。別の料理に使ってください。
③ 厚手の鍋に深さ約4cmの揚げ油を入れて195℃（375°F）に熱します。②を①にくぐらせ（ⓐ）、余分な衣を軽く落として、表面がカリッとなるまで約2分（1分ごとに返しながら）揚げ（ⓑ）、網の上で油を切れば出来上がりです。

### メモ

◎ キッチンペーパーの上で油を切ると、蒸気がたまって衣のサクサクとした食感がなくなるので使わないでください。

# Corn Fritters

# コーン・フリッター

中西部や南部など、特にトウモロコシの産地で好まれるコーン・フリッター。フレッシュのトウモロコシで作るタイプもありますが、ここでは缶詰を使ったレシピを紹介します。生地に油を少し加えることで、中はふっくら、外はカリッと揚がります。

### 材料（約12個分）

ホールコーン（缶詰）
　……正味（固形量）130〜160g*

A ┌ 中力粉** …… 75g
　├ ベーキングパウダー …… 小さじ 1/2
　├ 塩 …… 小さじ 1/4
　└ グラニュー糖 …… 小さじ 1

B ┌ 卵 …… 1個（正味50〜55g）
　├ 牛乳 …… 大さじ 3
　├ 植物油（キャノーラなど）…… 大さじ 1/2
　└ おろし玉ネギ …… 小さじ 2

揚げ油（キャノーラ）…… 適量

*缶詰（約190〜250g総量）1缶に相当。
**薄力粉と強力粉を同量合わせて代用も可。

### 作り方

① コーンはザルにあけて汁気をよく切っておきます。Aを合わせてボウルにふるい入れます。Bは泡立て器で混ぜ合わせておきます。

② Aにコーンを入れて全体を混ぜ合わせたら、Bを加え（ⓐ）、練らないように気をつけながらフォークなどで粉気がなくなるまで混ぜ、約15分常温に置きます。

③ 鍋に深さ約3cmの揚げ油を入れて180℃（360°F）に熱し、②を大さじ山盛り1ずつ落とし入れて（ⓑ）時々返しながら約5分揚げ、キッチンペーパーで油を切れば出来上がりです。

### メモ

◎ 冷蔵で3日間、冷凍で1カ月間保存出来ます。冷凍の場合は常温で解凍してから、175℃（350°F）に予熱したオーブンか、オーブントースターで様子を見ながら温めます。

◎ 食塩不使用のコーン缶の場合は、塩の量を小さじ 1/4 から小さじ 1/3 に増やしてください。

◎ 日本人には理解困難ですが、これに蜂蜜やメープルシロップを添えることがあります。

# Fried Gizzards

# 砂肝のフライ

日本に住んでいた頃は砂肝をあまり好まなかったのですが、アメリカ南部でこれを食べて開眼しました。日本では、砂肝というと焼いてコリコリした食感のものが主流ですが、これは、柔らかく茹でてから揚げます。砂肝好きはもちろん、苦手とおっしゃる方にも是非一度試していただきたい一品です。

### 材料（4人分）

砂肝 …… 450g
セロリ（葉付き）…… 1/2本分
玉ネギ …… 1/4個
A ┌ ベイリーフ（ローリエ）…… 1枚
  │ 塩 …… 小さじ2（12g）
  └ 水 …… 500g
B ┌ 卵 …… 1個
  └ 牛乳 …… 大さじ2
C ┌ 中力粉* …… 75g
  │ ケイジャンシーズニング（無塩）** …… 小さじ1
  │ 塩 …… 小さじ1/2
  └ ベーキングパウダー …… 小さじ1/2
揚げ油（キャノーラなど）…… 適量

*薄力粉と強力粉を同量合わせて代用も可。
**7ページ参照。黒胡椒小さじ1/3でも。

### 作り方

① 砂肝は、大きいものは2等分に切り分けます（ⓐ）。
② ぶつ切りにしたセロリ、くし形に切った玉ネギ、Aと一緒に①を圧力鍋に入れ（ⓑ）、蓋をして強火にかけます。圧力がかかったら弱火に落とし、約25分加圧したのち火から下ろして自然に圧力が抜けたら（ピンが下りたら）蓋を外し、ザルにあけて水気を切り、冷まします（セロリ、玉ネギ、ベイリーフは取り除きます）（ⓒ）。
③ BとCは別のボウルに入れ、それぞれ混ぜ合わせておきます（ⓓ）。
④ 鍋に深さ約3cmの揚げ油を入れて175℃（350°F）に熱し、B、Cの順番にくぐらせた②を入れて（ⓔ・ⓕ）、時々返しながら約4分揚げ、キッチンペーパーの上で油を切れば出来上がりです。

### メモ

◎ 砂肝は、揚げる前の衣をまぶした状態で3週間冷凍保存出来ます。クッキングシート（パーチメントペーパー）を敷いたバットに並べて冷凍し、チャック付きの保存袋に移します。凍った状態で約5分揚げてください。
◎ 圧力鍋がない場合は、砂肝をセロリ、玉ネギ、ベイリーフ、水と一緒に蓋をした鍋で約1時間半煮込んだのち塩を加え、さらに30分煮込みます（蒸発が早い場合は、様子を見ながら水を適量追加します）。

# Fried Mozzarella Cheese Sticks

# モッツァレラチーズ・スティック

アメリカでは、ファストフード店からそこそこ上品なレストランまで、シーンを問わず人気のこの料理ですが、家庭でも作ることが出来ます。溶き卵を丁寧につけてからパン粉をまぶし、一度冷やすこと、そして一度に揚げ過ぎないこと。これらを必ず守ればお店顔負けの仕上がりに。

**材料**（4人分）

モッツァレラチーズ（セミハードタイプ）……200g
小麦粉（薄力粉または中力粉）……45g
卵……2個
A ┌ パン粉……（日本組）山盛り1カップ、（アメリカ組）$\frac{2}{3}$カップ
  │ バジル（ドライ）……小さじ$\frac{1}{2}$
  └ オレガノ（ドライ）……小さじ$\frac{1}{2}$
揚げ油（キャノーラ）……適量
マリナーラ・ソースまたはランチ・ドレッシング*……適量
*120、123ページ参照。

**作り方**

① モッツァレラチーズは1.2cm角の拍子木切りにします（ⓐ）。
② ①を溶き卵、小麦粉、溶き卵の順にくぐらせ、混ぜ合わせたAをまぶし、クッキングシート（パーチメントペーパー）を敷いたバットに並べ（ⓑ・ⓒ）、約1時間冷凍庫で冷やします。
③ 鍋に深さ約3cmの揚げ油を入れて195℃（375°F）に熱し、表面が色づくまで約40秒揚げ（ⓓ・ⓔ）、キッチンペーパーの上で油を切れば出来上がりです。熱々のうちにマリナーラ・ソースやランチ・ドレッシングを添えていただきます。

**メモ**

◎ ②の状態で約1ヵ月間冷凍保存出来ます。バットごと冷凍した後、チャック付きの保存袋に移します。揚げる際は、常温に約10分置いてから50～60秒揚げます。
◎ 一度に揚げる量は少なめに（5本目安）。多過ぎると油の温度が下がり、時間通りに揚がらなくなります。
◎ 同量のさけるタイプのチーズで作ることも出来ます（約10gずつに切り分けて使用）。

# Fried Okra

## フライド・オクラ

日本人が大好きなアフリカ原産のオクラは、アメリカの南部でも愛されています。料理法は日本より幅広く、このように小さな一口サイズに切って揚げることも。外はカリカリ、中はネットリ。少しディッピングソースをつけてもいけます。

### 材料（4人分）

オクラ …… 200g
牛乳 …… 大さじ4
揚げ油（キャノーラ）…… 適量

A
- 小麦粉* …… 大さじ4
- コーンミール …… 大さじ4
- ベーキングパウダー …… 小さじ1/4
- 塩 …… 小さじ1/3（2g）
- 黒胡椒 …… 小さじ1/4

*薄力粉、中力粉、強力粉どれでも可。

### 作り方

① オクラは1.5cm幅の輪切りにしてボウルに入れます（板ずり不要。ヘタも捨てずに使ってください）。牛乳を回しかけ、大きめのスプーンを使って全体にからめます（ⓐ）。
② 別のボウルにAを入れ、泡立て器で混ぜ合わせておきます。
③ ①のオクラを②のボウルに入れて粉をまぶし、余分な粉を軽く払い落とします（ⓑ）。
④ 厚手の鍋かフライパンに深さ約1.5cmの揚げ油を入れて180℃（360°F）に熱し、③のオクラを入れ、時々返しながら衣が薄く色づいてカリッとなるまで約4分揚げ、キッチンペーパーの上で油を切れば出来上がりです。

### メモ

◎ コーンミールが手に入らない場合は、細目のパン粉または普通のパン粉をすり鉢やフードプロセッサーで細かくしたもので代用出来ます。使用量はコーンミールと同量の大さじ4ですが、量るのは細かくした後です。ご注意ください。
◎ ランチ・ドレッシング（120ページ）を添えても。

# Fried Green Beans

# サヤインゲンのパン粉揚げ

「何でも揚げればいいってもんじゃないんだから」。アメリカの揚げ物文化に呆れつつ食べてみて、ちょっぴり謝りたくなったのがこれです。「へえ、サヤインゲンはパン粉をつけて揚げても美味しいのか」。揚げ物の視野が広がった瞬間でした。

### 材料（4人分）

サヤインゲン …… 180g
A ┌ 中力粉* …… 75g
　├ ベーキングパウダー …… 小さじ1/2
　└ 塩 …… 小さじ1/2
水 …… 120g

パン粉 …… 適量
揚げ油（キャノーラなど）…… 適量
ランチ・ドレッシング** （オプション）
　…… 適宜

*薄力粉と強力粉を同量合わせて代用も可。
**120ページ参照。

### 作り方

① サヤインゲンは両端を折ってスジがあれば取り除き、たっぷりの湯で1分茹でて氷水でしめ、水気を拭き取っておきます。

② ボウルにAを入れて水を加え、泡立て器でなめらかになるまで混ぜたら約10分常温に置きます。

③ 厚手の鍋に深さ約2cmの揚げ油を入れて175℃（350°F）に熱します。サヤインゲンを②にくぐらせて余分な衣を落とした後、パン粉をまぶして（ⓐ・ⓑ）油に入れ、時々返しながらパン粉が薄く色づいてカリッとなるまで約2分揚げ、キッチンペーパーの上で油を切れば出来上がりです。オプションでランチ・ドレッシングを添えていただきます。

### メモ

◎ 揚げる前のパン粉をまぶした状態で約1カ月間冷凍保存出来ます。クッキングシート（パーチメントペーパー）を敷いたバットに重ならないように広げて冷凍し、チャック付きの保存袋に移します。揚げる際は解凍せず、凍ったまま約3分揚げてください。

# French Fries

# フレンチ・フライ

所変われば名前も変わる。フライドポテトは、アメリカではフレンチ・フライと呼ばれます。二度揚げすればカリッとホックリ。通常ジャガイモは冷凍不可といわれますが、これは一度揚げの後に冷凍することもできます。調理のコツは、揚げ油の量をけちらない、これに尽きます（あと、油の中に一度に入れ過ぎないことも）。

**材料**（4人分）

ジャガイモ（男爵など）…… 800g
揚げ油（キャノーラ）…… 適量
塩 …… 適量

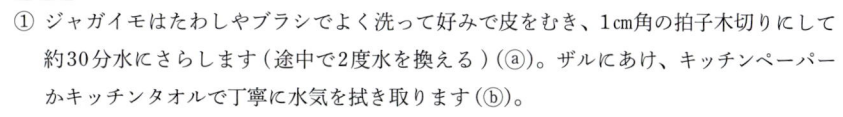

**作り方**

① ジャガイモはたわしやブラシでよく洗って好みで皮をむき、1cm角の拍子木切りにして約30分水にさらします（途中で2度水を換える）（ⓐ）。ザルにあけ、キッチンペーパーかキッチンタオルで丁寧に水気を拭き取ります（ⓑ）。

② 鍋（または中華鍋）に深さ約4.5cmの揚げ油を入れて150℃（300°F）に熱し、①を入れ、火が通るまで約3分揚げ（ⓒ）、キッチンペーパーの上で油を切ります（ジャガイモ同士がなるべく重ならないように注意）（ⓓ）。

③ 揚げ油を185℃（365°F）に熱し、②を再度入れて、菜箸などで時々混ぜながら、ジャガイモが薄く色づきカリッとなるまで約2分半〜4分半揚げます（ⓔ・ⓕ）。網の上で油を切り、熱いうちに全体に塩を振れば出来上がりです。

**メモ**

◎ 鍋は15cm以上の深さがあるものか、中華鍋をお勧めします。
◎ 一度に揚げる量は少なめに。多過ぎると油の温度が下がり、時間通りに揚がらなくなります。先に揚げたジャガイモは、120℃（250°F）に予熱したオーブンで保温しておくと、後から揚げたものと同じ温かさで供することが出来ます（天パン、網、フレンチ・フライの順番にのせて、網の下に空間があるように）。
◎ ケチャップなどを添える場合は、薄塩または塩を振らないでください。
◎ ジャガイモは、水分が少し飛んだヒネ物を使うと、ホクホクした仕上がりになります。
◎ ②の状態（一度揚げて油を切ったもの）で1カ月間冷凍保存可能。クッキングシート（パーチメントペーパー）を敷いたバットに重ならないように並べて冷凍した後、チャック付きの保存袋に移します。凍ったまま再度揚げます（揚げ時間は様子を見ながら）。
◎ 日本では高価で難しいかもしれませんが、ピーナッツオイルで揚げるのもお勧めです。

**アレンジ**

◎ 熱々のフレンチ・フライに温めたチリ（101ページ。豆入り、豆なしどちらでも）適量とチェダーチーズ少量を散らし、200℃（400°F）に予熱したオーブンまたはオーブントースターでチーズが溶けるまで焼けば、チリチーズ・フライ（Chili Cheese Fries）になります。

# Crab Rangoon

# クラブ・ラングーン

アメリカのアジア系レストランのアペタイザーメニューにあって、日本では見かけないものの筆頭はこれかもしれません。クリームチーズとカニカマ入り揚げワンタンは、日本でも好まれるはず。個人的に、居酒屋メニューでの採用を熱望します。

### 材料（26～30個分）

クリームチーズ …… 100g
カニカマ* …… 100g
青ネギ …… 約1本（正味15g）
黒胡椒 …… 小さじ1/8
ワンタンの皮（市販品）…… 30枚

A ┃ 小麦粉（薄力粉または中力粉）…… 小さじ2
　 ┃ 水 …… 大さじ1

揚げ油（キャノーラなど）…… 適量
スイートチリソース（市販品）…… 適量

*茹で上げまたは汁気を切った缶詰のカニ肉でも。

### 作り方

① カニカマは粗みじんに、青ネギはみじん切りにしてボウルに入れます。冷えたクリームチーズと黒胡椒を加え、フォークか清潔な手で練り混ぜます。

② ワンタンの皮に①を小さじ1ずつのせ（ⓐ）、Aを混ぜたノリを縁に塗り、空気を抜きながら三角に閉じ、さらに両端をノリで留めたら（ⓑ）クッキングシート（パーチメントペーパー）を敷いたバットに並べて軽くラップをかけ、冷蔵庫で最低30分冷やします。

③ 鍋に深さ約3cmの揚げ油を入れて175℃（350°F）に熱し、②を入れて、時々返しながら皮が色づいてカリッとなるまで1～2分揚げ、キッチンペーパーの上で油を切れば出来上がりです。スイートチリソースを添えていただきます。

### メモ

◎ ②の状態で約1カ月間冷凍保存出来ます。バットごと冷凍した後、チャック付きの保存袋に移します。揚げる際は、約5分常温に置いてから同様に揚げます。

# Bacon Wrapped Scallops

## 帆立のベーコン巻き

日本でもすでにありそうな組み合わせですが、ベーコンと帆立はこんなに合うのか、とアメリカではまった一品です。揚げるタイプもありますが、グリル（ブロイル）で焼いたほうが帆立の旨みが増す気がします。引き立て役の黒胡椒をお忘れなく。

### 材料（8個分）

帆立貝柱 * …… 8個

スライスベーコン …… 4〜8枚

塩、黒胡椒 …… 各適量

*アメリカ組は Large Scallops (Sea Scallops) で。

### 作り方

① 爪楊枝を8本用意し、焦げ防止のため水に約15分浸しておきます。帆立の側面にベーコンを巻きつけて先の爪楊枝で留め、帆立の両面に塩、黒胡椒を振ります（ⓐ）。
② 魚焼きグリルか、220℃（425℉）に予熱したオーブンの上火（アメリカ組はブロイル）で15〜20分、途中一度ひっくり返してベーコンと帆立に火が通るまで焼けば出来上がりです。好みのディッピングソース（120〜125ページ）かレモン（材料外）を添えていただきます。

### メモ

◎ 黒胡椒の代わりに、無塩のケイジャンシーズニング（7ページ）を使っても。
◎ 火の通りが悪くなるので、厚切りベーコンは使わないでください。

# Crab Cake

# クラブ・ケーキ

翻訳本だと「カニ団子」の名前で登場するクラブ・ケーキ（ケーク）は、カニの産地の名物料理です。日本で高級品扱いのカニは、アメリカでも同様。手頃な値段で売っているクラブ・ケーキはカニ肉を見つけるのが大変ですが、それなりの値段がするものは、これでもかーと、カニ肉がぎっしり詰まっています。

**材料**（8個分）

セロリ …… 25g
青ネギ …… 約1本（正味15g）

A
- パン粉 …… 40g
- 卵 …… 1個（正味50〜55g）
- マヨネーズ …… 大さじ1
- ディジョンマスタード …… 小さじ1
- 刻みパセリ …… 小さじ2
- 塩 …… 小さじ1/8
- 黒胡椒 …… 小さじ1/8
- オールドベイ・シーズニング（オプション） …… 小さじ1/8

カニ肉（茹で上げまたは缶詰）…… 正味200g
パン粉 …… 適量
植物油（キャノーラなど）…… 適量
タルタル・ソース * …… 適量

*123ページ参照。

**作り方**

① セロリ、青ネギはみじん切りにして、Aと一緒にボウルに入れて混ぜます（ⓐ・ⓑ）。カニ肉を加えてやさしく混ぜ、8等分にして直径5cmのパティに成形し（ⓒ）、全体にパン粉をまぶして（ⓓ）ラップをかけて1時間冷蔵庫で冷やします（この状態で24時間保存可）。

② フライパンに深さ約1cmの植物油を入れて中火で熱し、①を約5分揚げ焼きにして（途中で一度ひっくり返す）（ⓔ・ⓕ）、キッチンペーパーの上で油を切れば出来上がりです。タルタル・ソースを添えていただきます。

**メモ**

◎ 日本のカニ缶詰を使う場合、汁気は切ってください。
◎ タルタル・ソースの代わりに、レムラード・ソースやサウザンアイランド・ドレッシング（122ページ）でも。

---

### オールドベイ・シーズニング

日本ではインターネットなど販売が限られているようですが、アメリカ料理、特に南部料理好きの方なら確実にご存じの調味料がこのオールドベイ・シーズニングです。セロリシードやレッドペッパーなど多種のスパイスと塩が香り豊かにミックスされており、シーフードをはじめ料理全般に使用します。以前、日本の友人にこれを送ろうとスパイス売り場で手に取ったところ、見ず知らずのおじさんから、このスパイスがどれだけ素晴らしいのかを力説されたことがあります（アメリカの田舎ではよくあること）。私もおじさんにならい、日本の皆様にお薦めしたい調味料です。チーズ・ビスケット（107ページ）でも使っています。

# Fish Tacos

# 白身魚のタコス

タコスと聞くと、牛挽き肉の具を想像する方が多いかもしれませんが、魚のタコスもあります。スパイスをガッツリまぶして焼いた白身魚を、炙ったフラワートルティーヤにのせ、トッピングを散らしてかぶりつく。おともはキンキンに冷えた飲み物。これを書いているだけで、また作りたくなりました。

## 材料（4人分）

白身魚（タラなど）…… 300g
フラワートルティーヤ …… 4枚（直径15cm程度）

A ┃ 植物油（キャノーラなど）…… 小さじ2
　 ┃ ライム果汁 …… 小さじ2
　 ┃ チリパウダー …… 小さじ$1/2$
　 ┃ 塩 …… 小さじ$1/4$
　 ┃ 黒胡椒 …… 小さじ$1/8$

B ┃ マヨネーズ …… 20g
　 ┃ サワークリーム* …… 20g
　 ┃ ライム果汁 …… 小さじ$1/2$

キャベツ …… 80g
赤玉ネギ …… 20g
トマト …… 100g
香菜 …… 適量
ライム …… $1/2$個
植物油（キャノーラなど）…… 適量

*水切りヨーグルトやギリシャヨーグルトでも可。

## 作り方

① ボウルに白身魚を入れて全体にAをからめ（ⓐ）、ラップをかけて冷蔵庫で30分寝かせます（この状態で24時間保存可）。Bは別のボウルで混ぜ合わせ（ⓑ）、冷蔵庫で冷やしておきます。

② キャベツは3mm幅に切り、赤玉ネギ、トマトは種を取ってさいの目に、香菜は葉の部分のみを使い、粗く刻みます。ライムは4等分に切ります。（ⓒ）

③ フライパンを強めの中火で熱し、植物油を薄く引いて白身魚の両面を約3分ずつ焼き（ⓓ・ⓔ）、常温で約3分休ませた後、2cm角に切り分けます（魚の種類によっては身が崩れますが、気にしなくてOK）。

④ フラワートルティーヤの両面を直火（五徳の上）か油を引かないフライパンでさっと焼き（ⓕ）、魚と野菜をのせて軽く二つ折りにすれば出来上がりです。Bのソースとライムを添えていただきます。

## メモ

◎ 白身魚はタラ、カジキ、ティラピア、マヒマヒ（シイラ）など好みのもので。皮付きのものは、出来ればはがしてから使ってください。

# Stuffed Baked Potato / Loaded Potato

# スタッフド・ポテト

オーブンで焼いて中身をくり抜き、具を混ぜて詰め直して、またオーブンで焼く。七面倒くさいのに作ってしまうのは、手間をかけただけの価値があるからでしょう。ジャガイモの大きさは特に問いませんが、小さ過ぎるとくり抜くのが大変で、ますます面倒になるかもしれません。

### 材料（4人分）

ジャガイモ（男爵など）……2〜4個（合計480〜500g）
青ネギ……約1本（正味15g）
チェダーチーズ*……40g
サワークリーム**……45g
牛乳……大さじ1〜2
塩、黒胡椒……各適量

*刻んだスライスチーズやピザ用チーズでも可。
**水切りヨーグルト、ギリシャヨーグルトでも可。

### 作り方

① ジャガイモは芽が出ていない傷みがないものを選び（皮ごと食べるため）、たわしやブラシを使って流水でよく洗い、水気を拭き取って、200℃（400°F）に予熱したオーブンで竹串がスッと通るまで約1時間焼き（ⓐ）、素手で触れる程度まで粗熱を取っておきます。

② ①のジャガイモをタテ半分に切り、3mmほどの厚さを残して皮を破らないように気をつけながらスプーンで中を取り出してボウルに入れ（ⓑ）、フォークで潰します（ジャガイモは必ず温かい状態で潰すこと。冷えたものは粘りが出ます）。

③ 小口切りにした青ネギ、チーズおろしまたは包丁で細かく刻んだチェダーチーズ、常温に戻したサワークリームを②のボウルに加えて混ぜ、人肌に温めた牛乳を少しずつ加え（マッシュド・ポテトのように柔らかくすると食べにくいので量に注意）（ⓒ・ⓓ）、塩、黒胡椒で味を調えて、くり抜いたジャガイモに詰めます（ⓔ）。

④ 220℃（425°F）に予熱したオーブンに入れ約15分、表面にうっすらと焼き目がつけば出来上がりです（オーブントースターの場合は様子を見ながら）。

### メモ

◎ 冷めると皮の食感が悪くなるので、熱々のうちにいただきます。

◎ クリスピーな皮に仕上げたい場合は、皮に植物油（キャノーラなど）を薄く刷毛で塗ってから焼いてください。

◎ カリカリに焼いて砕いたスライスベーコン1枚分や、5mm角に刻んで軽く炒めたハム1枚分を③で混ぜても。

◎ ③の状態で約1カ月間冷凍保存可能。バットに並べて冷凍した後、それぞれラップで包んでチャック付きの保存袋に移します。食べる時は、凍った状態で180℃（360°F）に予熱したオーブンに入れ、中が熱くなるまで約30分焼きます。

◎ ①の工程を圧力鍋で行うこともできます。ジャガイモ全体にフォークで軽く穴を開け、目皿を使ってジャガイモに触れないくらいの水を鍋に注ぎ、お手元の説明書を参考に加圧時間を調整してください。

# Cajun Roasted Potatoes

## ケイジャン・ローストポテト

「油を多量に使わず、口の端が切れそうになるほどカリカリにならず、でも適度にカリカリで中がホクホクしたローストポテトが食べたい」。試行錯誤の末にたどり着いたのが、「ジャガイモをさらした後の水を切り過ぎない」でした。

### 材料(4人分)

ジャガイモ(男爵など) …… 800g
植物油(キャノーラなど) …… 大さじ1
ケイジャンシーズニング(無塩)* …… 小さじ2〜3
塩 …… 小さじ1/3 (2g)

*7ページ参照。代わりに、カレー粉小さじ1〜2を使っても。またはクレイジーソルトのようなハーブソルト小さじ1/2(上記の塩は加えない)でも可。

### 作り方

① ジャガイモはよく洗い、芽や傷んでいるところがあれば取り除き、(好みで)皮をむき一口大(約20g)に切り分けて大きめのボウルに入れ、かぶるくらいの水を注ぎ、2〜3分さらします(ⓐ)。
② ボウルを傾けて水気を切り、植物油、ケイジャンシーズニング、塩を振りかけ両手で全体を混ぜ合わせ、クッキングシート(パーチメントペーパー)を敷いた天パンに、ジャガイモ同士が重ならないように並べます(ⓑ)。
③ 220℃(425°F)に予熱したオーブンに入れ20〜25分、水分が飛んで下面のジャガイモにうっすら焼き目がついたらひっくり返し、さらに20〜25分、竹串を刺して中までスッと通り、外側がカリッとなるまで焼けば出来上がりです。

### メモ

◎ 冷蔵で2日間保存可能(再加熱は電子レンジ&オーブントースターか、オーブンで)。

# Cocktail Wieners

## カクテル・ウインナー

お弁当のおかずや普段の食卓に並ぶミニウインナーですが、アメリカではアペタイザーに使うことが多く、そのためメーカーも常に強気で、ホリデーシーズン以外はなかなかセールになりません。セールになっていると、季節の移ろいを感じます。

### 材料（4人分）

ミニサイズのウインナー * …… 160〜200g
植物油（キャノーラなど）…… 小さじ1

A
- ケチャップ …… 大さじ4
- アプリコットジャム …… 大さじ4
- マスタード（ディジョンまたはホットドッグ用イエローマスタード）…… 大さじ2
- オレンジジュース …… 100g
- レモン果汁 …… 大さじ1（約 $1/2$ 個分）
- 黒胡椒 …… 小さじ $1/8$

* ポークビッツなど。

### 作り方

① フライパンを中火で熱して植物油を薄く引き、ウインナーを入れ、全体に焼き目がつくまで菜箸などで転がしながら焼きます（ⓐ）。
② ①を小鍋に移してAを入れ、蓋をして時々混ぜながら弱火で約20分煮込めば（ⓑ）出来上がりです。

### メモ

◎ 冷蔵で2日間保存出来ます。
◎ アメリカのミニウインナーは塩気が強いので、一度茹でこぼしてから使用します。
◎ 好みでタバスコなどのホットソース適量を加えても。

# Sliders

# スライダーズ

ハンバーガー発祥の国アメリカ。あまりにも好き過ぎて、こんなミニサイズまであります。ちょっとだけ食べたい時や、お子さんのランチとしても活用出来ます。トッピングはアイデア次第。パティを焼いた後のフライパンで玉ネギを炒めたり、とろけないタイプのチーズを挟むのもお勧めです。

**材料**(8個分)

A ┌ 牛挽き肉(脂肪が少なめのもの)……350g
 │ おろし玉ネギ……大さじ3
 │ 塩……小さじ$\frac{1}{3}$ (2g)
 │ 黒胡椒……小さじ$\frac{1}{8}$
 └ ウスタシャーソース(リーペリンなど)……小さじ1

トマト……小1〜2個
玉ネギ……小$\frac{1}{3}$個
直径約5cmのパン(ディナーロール)……8個
有塩バター……30g
ピクルス(市販品)……8枚
マスタード、ケチャップ、マヨネーズ(オプション)……各適量

**作り方**

① Aをボウルに入れて軽くこね(まとまる程度)(ⓐ・ⓑ)、直径7cmのパティ8個分に成形して(ⓒ)ラップをかけ、冷蔵庫で30分冷やします(この状態で24時間保存可)。

② トマトは5mm厚×8枚の輪切りに、玉ネギは2mm厚の輪切りにしてほぐします。パンはヨコ半分に切り分け、常温に戻したバターを内側に薄く塗ります。

③ フライパンを強めの中火で熱し、薄く植物油(キャノーラなど。材料外)を引き、①のパティを入れて、焼き目がついて完全に火が通るまで両面約4分ずつ焼きます(最後の1分は火を止めて蓋をし、蒸し焼きに)(ⓓ〜ⓕ)。

④ 別のフライパン(またはオーブントースター)でパンの内側のみをさっと焼き、③のパティ、トマト、玉ネギ、ピクルスを挟めば出来上がりです。お好みでマスタード(ホットドッグ用イエローマスタードまたはディジョン)、ケチャップ、マヨネーズなどを添えてください。

**メモ**

◎ 魚焼きグリルで焼くと、風味がよりよくなります。
◎ 玉ネギはパティと一緒に焼いても。
◎ マヨネーズとケチャップの代わりに、サウザンアイランド・ドレッシング(122ページ)を使っても美味しいです。
◎ チーズバーガーにする場合は、とろけないタイプのスライスチーズをパティのサイズに合わせて切り、③で蒸し焼きする際にのせてください。

# Stuffed Mushrooms

# スタッフド・マッシュルーム

ホリデーシーズンによく登場するアペタイザーのひとつ。本来はケーシングに詰めていない市販の生ソーセージを使いますが、ここでは生ソーセージをはじめから作るレシピにしました。といっても材料を混ぜるだけなので簡単です。マッシュルームは焼くと縮むので、大きめのものを選んでください。

### 材料（12個分）

マッシュルーム * …… 12個

A
- 豚挽き肉 …… 100g
- セージパウダー …… 小さじ $1/8$
- 塩 …… 小さじ $1/4$
- 黒胡椒 …… 小さじ $1/8$

玉ネギ …… 25g

植物油（キャノーラなど）…… 小さじ2

B
- サワークリーム ** …… 45g
- パン粉 …… 10g
- 刻みパセリ …… 小さじ1

*ホワイト、ブラウンどちらでもOK。
**水切りヨーグルト、ギリシャヨーグルトでも可。

### 作り方

① マッシュルームは湿らせたキッチンペーパーで汚れを拭き取り、かさと軸に分け、かさの外側に刷毛で植物油（材料外）を塗ります。軸は粗みじんに切ります。(ⓐ)

② Aはボウルに入れて混ぜ合わせておきます。玉ネギは粗みじんに切ります。(ⓑ)

③ フライパンを強めの中火で熱し、植物油を引いてAを入れ、肉の色が変わるまで炒めたらマッシュルームの軸と玉ネギを加え(ⓒ)、約5分炒めてボウルに取り出します。

④ ③にBを入れてよく混ぜ(ⓓ・ⓔ)、マッシュルームのかさに詰め(ⓕ)、220℃(425°F)に予熱したオーブンで約20分焼いて天パンごと網にのせ、常温で5分休ませれば出来上がりです。温かいうちにいただきます。

### メモ

◎ Aの代わりに、サルシッチャなどの生ソーセージを使っても（ケーシングは取り除く）。

**Baked Brie**

# ベイクド・ブリー

材料写真のチーズをご覧ください。どこから見てもカマンベールですが、アメリカではこれをブリーと呼びます。売り場でカマンベールの名前を見ることはめったにないのですが、ついに先日、ブリーと並んでいるカマンベールを発見。が、二つとも同じサイズで、同じ味。何だか化かされている気分です。

### 材料（作りやすい分量）

冷凍パイシート …… 1〜2枚
ブリーチーズまたはカマンベールチーズ …… 1個
好みのジャム …… 大さじ1
溶き卵 …… 1/2個分
リンゴ …… 適量

### 作り方

① 説明書通りに解凍したパイ生地を、薄く打ち粉（中力粉または強力粉。材料外）をした台に広げ、チーズの高さ＋1cmの円周で1枚（A）と、チーズと同じ大きさのもの1枚（B）に切り分けます（ⓐ）。残りの生地で葉やリボンなどの飾りを作っておきます（ⓑ）。

② Aの中央にジャムをのせます（塗り広げない）（ⓒ）。チーズの上面を薄く切り落とし（下面はそのまま）（ⓓ）、切った面を下にしてジャムの上にのせて包み、縁に薄く溶き卵を刷毛で塗ってBで蓋をし、生地を指で密着させます（ⓔ）。

③ ②をひっくり返してクッキングシート（パーチメントペーパー）を敷いた天パンに置き、飾りの生地を中央にのせて表面全体に溶き卵を塗ります（飾り生地の下にも接着剤代わりに溶き卵を塗る）（ⓕ）。

④ 200℃（400°F）に予熱したオーブンで約25分、全体に色づくまで③を焼いたら、天パンごと取り出して網にのせ、常温で20〜30分休ませれば出来上がりです。薄切りのリンゴを添えていただきます。

### メモ

◎ 冷凍パイシートはタテヨコの長さを約4cmまで麺棒で伸ばせます。チーズのサイズに合わない時は、少し伸ばして使用してください。中心から外側に向かってやさしく一方向に伸ばします（手で引っ張らないこと）。

◎ 三角形にカット済みのブリーチーズを使う場合は、1個を二つに切り分けたものを組み合わせて正方形にし、余分な生地を切り落としながら箱を包むようにパイ生地で包んで作ります（丸いものよりチーズが漏れ出やすいので、卵液での接着は丁寧に）。

# Chili

# チリ

日本ではチリ・ビーンズと呼ぶのが一般的ですが、アメリカではたいてい、単にチリです。それは、豆が入らないタイプがあるためです。特にチリ発祥のテキサス州では、豆入りを邪道とみなす傾向があります。が、他州では豆入りやトマトの加工品を使わない白いチリなど、何でもありです。

### 材料（4〜6人分）

玉ネギ …… 1個（正味200g）
赤パプリカ * …… 1/2個（正味100g）
ニンニク …… 4g
牛挽き肉 …… 230g
植物油（キャノーラなど）…… 小さじ2

A
- トマトピューレ …… 300g
- チキンストック ** …… 500g
- チリパウダー …… 大さじ1
- クミンパウダー …… 小さじ1
- パプリカパウダー …… 小さじ1/2
- オレガノ（ドライ）…… 小さじ3/4
- タイム（ドライ）…… 小さじ3/4
- 黒胡椒 …… 小さじ1/4

コーンミールまたは中力粉 …… 小さじ2
水 …… 大さじ1
ブラウンシュガーまたは三温糖 …… 小さじ1
塩 …… 適量
金時豆またはうずら豆の水煮（オプション）…… 正味230〜260g***
チェダーチーズ、赤玉ネギ …… 各適量

*赤ピーマンで代用可能（緑ピーマンは苦味があるので不可）。
**コンソメ顆粒（出来れば無添加タイプ）4〜5g＋熱湯500gでも可。
***缶詰（約400〜450g総量）1缶に相当。

### 作り方

① 玉ネギ、赤パプリカは1cm角に切り、ニンニクはみじん切りにします（ⓐ）。
② 厚手の鍋を強めの中火で熱して植物油を引き、牛挽き肉を入れ、薄く焼き目がついて脂が出てくるまで炒め、一旦ボウルに取り出します（ⓑ）。脂が多く出た場合にはすくい取り（ここでは使いません）、鍋の底に少し残った脂や肉のこびりつきは旨みのもとになるので、そのままにしておきます。
③ 空いた鍋に玉ネギと赤パプリカを入れ、玉ネギが半透明になるまで炒めます（ⓒ）。ニンニクを加えて香りが出るまで炒めたら牛挽き肉を戻してAを加え（ⓓ）、沸騰したら弱火に落として蓋をし、時々混ぜながら50〜60分煮ます。
④ 小さなボウルにコーンミール（または中力粉）と水を入れて混ぜ合わせ（ⓔ）、③の鍋に加えてゆっくり混ぜながらトロミをつけ、ブラウンシュガー（または三温糖）、塩で味を調えれば出来上がりです。豆入りの場合は、水洗いして水気を切った金時豆（またはうずら豆）をここに加え、再度蓋をしてごく弱火で約20分煮込んで味を馴染ませます。チーズおろしまたは包丁で細切りにしたチェダーチーズと、5mm角に切った赤玉ネギをのせていただきます。

### メモ

◎ 冷蔵で4日間、冷凍で1カ月間保存出来ます（冷凍する場合、豆は加えないこと）。
◎ 牛挽き肉の代わりにカレー用の角切り肉で作ると「Chili Con Carne（チリコンカルネ）」になります。
◎ トッピングは、赤玉ネギの代わりに小口切りにした青ネギでも。
◎ 豆なしのものをホットドッグのソースに使うと、チリドッグになります（ケチャップ、レリッシュは不要）。

# Chili Nachos

## チリ・ナチョス

チリを二次活用するものとして、こんな料理があります。コーンチップスのカリカリとしんなりした部分の両方が楽しめ、サワークリームをつければまた味が変わり、と飽きません。残り物活用と呼ぶにはもったいない美味しさです。

### 材料（4人分）

| | |
|---|---|
| トマト …… 90g | トルティーヤチップス …… 120g |
| 玉ネギ …… 15g | ブラックオリーブ（輪切り）…… 25g |
| 青ネギ …… 約1/2本（正味7g） | サワークリーム …… 大さじ2〜3 |
| チェダーチーズ …… 55g | ワカモレ（オプション）** …… 適宜 |
| チリ（豆なしのもの）* …… 200g | |

*101ページ参照。
**10ページ参照。

### 作り方

① トマトはヘタと種を取って1cm角に切り、玉ネギは5mm角に切って水に10〜15分さらして水気を切っておきます。青ネギは小口切りにします。ⓐ チェダーチーズはチーズおろしを使うか、包丁で細切りにします。チリは小鍋か電子レンジで温めます。

② 天パンにアルミホイルを敷いてトルティーヤチップスの1/2量を広げ、上からチリの1/2量と、チェダーチーズの1/2量を広げます（ⓑ）。同じ作業を繰り返し、200℃（400°F）に予熱したオーブンで約5分、チーズが溶けるまで焼きます。

③ ②を大きな平皿に移し、上からトマト、玉ネギ、青ネギ、ブラックオリーブを散らし、サワークリームとオプションでワカモレを中心にのせれば出来上がりです。

### メモ

◎ 大きな平皿がない場合は、天パンごとテーブルに出しても（鍋敷を忘れずに）。

# Texas Garlic Toast

## テキサス・トースト

テキサス・トーストには2種類あり、ひとつは商品名としての厚切り食パン、もうひとつは厚切りパンを使ったガーリック・トーストです。どちらを指すのか、前後の文脈で探らなくてはいけない高度な理解力が要求されます（ウソです）。

**材料**（作りやすい分量）

パン * …… 適量
ニンニク …… 1株（60〜80g）
オリーブオイル …… 大さじ1
有塩バター …… 20〜25g
刻みパセリ …… 小さじ1

*バゲット（柔らかめのもの）は2.5cm厚で8〜10枚、食パンなら5〜6枚切り2〜3枚を4等分。

### 作り方

① ニンニクは皮付きのまま上部をヨコに切って（中のニンニクが見えるくらい）アルミホイルにのせ、上からオリーブオイルをたらして（ⓐ）、190℃（375°F）に予熱したオーブンで柔らかくなるまで約40分焼きます。

② ①の粗熱が取れたら中身をボウルに押し出し（芽がある場合は取り除く）、常温に戻したバターと刻みパセリを加えてフォークで混ぜます（ⓑ）。

③ ②をパンの上面に塗って、200℃（400°F）に予熱したオーブンで約10分、表面が軽く色づくまで焼けば出来上がりです（オーブントースターの場合は様子を見ながら）。

### メモ

◎ ②のガーリックペーストに、おろしたパルメザンチーズ適量を加えても。
◎ ②は冷蔵で3日間保存出来ます。

# Cheddar Cheese Puffs

# チーズ・パフ

アメリカではパフと呼ぶことが多いシューは、甘いデザートだけではなく、アペタイザーにもなります。このチェダーチーズ入りは、中が少し詰まった感じに仕上がるため、詰める具を用意する必要はありません。焼いている間はオーブンのドアを開けないように。あっという間にしぼんでしまって、気分もしぼみます。

### 材料（約20個分）

チェダーチーズ …… 56g
有塩バター …… 56g
中力粉* …… 75g
塩 …… 小さじ $\frac{1}{8}$
水 …… 170g
卵 …… 2個（正味100〜110g）
黒胡椒 …… 小さじ $\frac{1}{8}$

*薄力粉と強力粉を同量合わせて代用も可。

### 作り方

① チェダーチーズはチーズおろしを使うか、包丁で刻んでおきます。バターは1cm厚に切り分けます。中力粉はふるっておきます。

② 鍋にバター、塩、水を入れて強めの中火にかけます。バターが溶けて沸騰したら中力粉を入れ（ⓐ）、鍋肌から生地が離れるまで約1分半、火にかけたままスパチュラで手早くしっかり練り混ぜます（ダマを潰すイメージで）（ⓑ）。

③ 鍋を火から下ろして常温に約3分置いた後、溶きほぐした卵を少しずつ加えてスパチュラでなめらかになるまで混ぜます（この作業はフードプロセッサー、スタンドミキサー、モーターが強力なハンドミキサーの低速でも出来ます）（ⓒ）。

④ ③にチェダーチーズと黒胡椒を加えて混ぜます（ⓓ）。生地を大さじ1ずつ取り、それをコーヒースプーンでかき出すようにして、クッキングシート（パーチメントペーパー）を敷いた天パンの上に均等に置きます（ⓔ）（絞り出し袋を使っても）。水でぬらした指先で軽く角（つの）をおさえ、230℃（450°F）に予熱したオーブンで約20分、膨らんで薄く色づいたら（ⓕ）温度を190℃（375°F）に下げ、さらに約10分、全体が色づくまで焼き、天パンごと網にのせて常温で5分休ませれば出来上がりです。

### メモ

◎ 焼き立て、常温どちらで召し上がっても。
◎ 生地が膨らんでいる最中は、オーブンの扉を絶対に開けないでください。
◎ チャック付きの保存袋に入れ、冷凍で約1カ月間保存出来ます（温め直しは常温解凍後、180℃／360°Fに予熱したオーブンで5分、またはオーブントースターで様子を見ながら）。

# Mini Cheese Biscuits

# チーズ・ビスケット

生地を天パンに落として焼く、型不要のドロップビスケットです。温かいうちにいただくのが一番なので、下準備だけしておき、ゲストが揃ってから焼いてください。仕上げのガーリック入りバターが食欲をそそりますが、食べ過ぎると他の料理が食べられなくなるので、大量に作って出すのは厳禁です。

## 材料（10〜11個分）

A
- 中力粉 *…… 150g
- ベーキングパウダー …… 小さじ $1+\frac{1}{4}$
- グラニュー糖 …… 小さじ $\frac{1}{2}$
- 塩 …… 小さじ $\frac{1}{4}$

有塩バター …… 28g
チェダーチーズ …… 50g
牛乳（冷えたもの）…… 120g

B
- 有塩バター（電子レンジで溶かす）…… 15g
- おろしニンニク …… 小さじ $\frac{1}{8}$
- 刻みパセリ …… 小さじ 1
- オールドベイ・シーズニング ** …… 少々

*薄力粉と強力粉を同量合わせて代用も可。
**87ページ参照。クレイジーソルトのようなハーブソルトでも可。

## 作り方

① フードプロセッサーにAを入れ、パルスボタンを数回押して混ぜ合わせます。冷えたバターを1cm角に切って加え（ⓐ）、パルスボタンを小刻みに押してバターが小豆大になったら（ⓑ）ボウルに移します。チェダーチーズはチーズおろしを使うか包丁で刻み、同じボウルに加えてチーズが全体に散らばるように軽く混ぜます（ⓒ）。

② ①に牛乳を少しずつ加えてフォークで混ぜ、粉気がなくなったらラップをかけて（ⓓ）冷蔵庫で30分冷やします。

③ Bを小さなボウルに入れて混ぜ合わせておきます（ⓔ）。

④ 天パンにクッキングシート（パーチメントペーパー）を敷いて、②の生地を大さじ2（大さじ山盛り1）ずつ均等に落とし（ⓕ）、230℃（450°F）に予熱したオーブンでビスケットが薄く色づくまで約15分焼いたら天パンごと網にのせます。

⑤ ④に③を刷毛で塗り、天パンにのせたまま常温で3分休ませれば出来上がりです。温かいうちにいただきます。

## メモ

◎ 密閉容器に入れ、常温で2日間保存出来ます（夏場は当日中に）。
◎ 温め直しの際はビスケットをアルミホイルでふんわり包み、190℃（375°F）に予熱したオーブンか、オーブントースターで様子を見ながら温めます。

# 日米おもてなし考

日本で生まれ育ち、ご主人の仕事の都合でアメリカ駐在となったＡ夫妻。渡米早々アメリカ人の同僚のお宅へ食事に呼ばれたので、お礼を兼ねて今度は自分達が同僚夫妻を招くことにしました。料理担当はご主人も絶賛する料理上手の奥様。

ここで二人は考えます。「同僚夫妻に楽しんでもらおう、喜んでもらおう」

張り切って挨拶もそこそこに台所にこもる奥様。同僚夫妻と顔を合わすのは料理を運ぶ時だけ。同僚夫妻は料理に舌鼓を打ちますが、何だか段々表情が曇っていきます。「今日はありがとう。素晴らしいご馳走だったよ」と去っていった同僚夫妻。しかし翌日「Ａさんはマッチョである」（この場合は筋肉質ではなくて、過剰な男らしさ、悪い意味での亭主関白的な意味）といった話が流れてきました。何故こうなったのでしょう？

日本では家庭料理でも出来立てをベストのタイミングで出したいという心遣いがあります。しかし、それだとほとんど台所にこもっていることになり、会話を楽しむどころではないため、ホストではなく料理人＆メイドになってしまい、顔すら覚えてもらえません。それを当たり前とするご主人の態度がマッチョに見えたのでしょう。

「夫の同僚なのだから自分は料理に徹していればよいのでは？」と思われがちですが、同僚夫妻を招いたということは、奥様も一緒に会話をする必要があるのです。この場合は、一度に料理を出すか、まずはアペタイザーを出して会話をし、頃合いを見て、きちんと下準備しておいたメインをさっと仕上げてテーブルに出し、着席してディナーをいただくのがベストです。

ただし、何が何でも夫婦同席というわけではありません。時には男同士で集まりたいこともあります。そんな時に奥様が一人だけ同席すると、込み入った話が出来ずにかえって気まずいので、気兼ねなく女友達と外出してご自身の時間を楽しんでください。ご主人に頼まれたら、アペタイザーを冷蔵庫に用意してもよいでしょう（手作り、市販品どちらでも）。これはケースバイケース、あくまで頼まれたら、でよいのではないかと思います。

## 立つか、座るか

そういえば、このようなこともありました。夫が全員アメリカ人、妻が全員日本人のパーティーに夫婦で招待された時のこと。ホスト夫妻は話し上手なだけでなく料理上手で、とても楽しい時間でした。
沢山お土産（余った料理）をいただき「楽しかったね」と帰りの車中で話していると、「おなかが空いた」という夫。あんなにいっぱい料理があったのに食べなかった？

理由を聞くと、なんと空腹の原因を作ったのは私を含めた女性陣でした。
自分たちが持参した品を含む様々な料理がテーブルに並び、歓声をあげながら皆で料理を取り分けました。男性陣は話しながら立食していたのですが、女性陣がテーブルの周りにあった椅子に全員着席してしまい、延々と話しながら食べていたので、遠慮してキッチン側にあった他の料理しか取れなかったとのこと。平謝りして、お土産の料理は全部夫に渡したところで機嫌がよくなったので一安心でした。

この失敗のように、日本人（特に女性）は着席してかたまってしまい、同じグループで会話をしがちです。今回はお互い見知った同士だったのでことなきをえましたが、アメリカではホストのみが共通の友人・知人で、他のゲストは全員初めて会う方というホームパーティーが結構あります。駐在でアメリカに来られたばかりの方や、引っ越して来て間もない場合は特にそうでしょう。人見知りの方には非常に勇気がいりますが、参加してしまえば人との繋がりが増えるので、一度に交流を増やすにはよい機会です。ですが、そのタイプのパーティーで既知同士かたまってしまわれるといつまで経っても馴染めず、とても居心地の悪かった記憶しか残りません。私はこれも経験しているので、今回のことからある意味での加害者、被害者両方の立場になりました。

パーティーで誰かと仲よくなりたいのなら椅子は壁際にばらして置き、積極的に誰かと話さざるをえない立食式のほうが知り合うチャンスは増えそうです。ただ、立ちっぱなしでは疲れるので、数時間も平気な顔をして立食をしながら色々な方と話しているアメリカ人を見ると、体力の違いをしみじみと感じます。

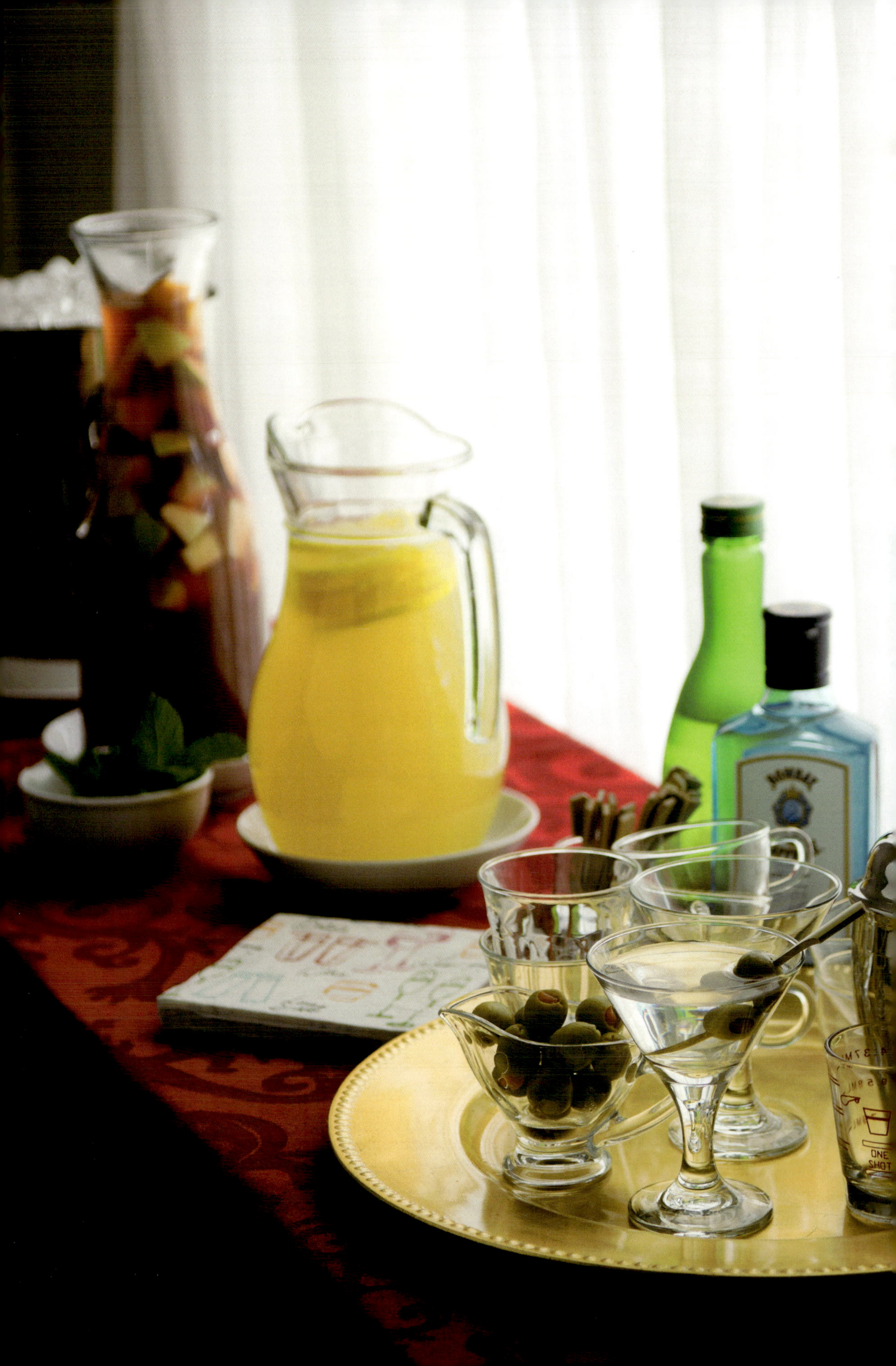
ONE
SHOT

# パーティードリンク
## Party Drinks, Cheers!

人が集まる場合、飲み物のセレクトも重要です。
アメリカでは定番ですが、日本では少し珍しく、
少人数からグループで楽しめ、
季節を問わないもの、暑い日に飲みたいもの、冬らしいもの、
と各シーンに使えるメニューを揃えました。

# White Wine Cooler Punch

## ホワイトワインクーラー・パンチ

パーティーやイベントの際によく登場する飲料がパンチです。パンチとは、ワインなどのアルコールをベースにして甘味や香りをつけたミックスドリンクのことで、まとめて作ってグループ用に供し、各自で自分のグラスに注いでいただきます。

**材料**（4〜6人分）

白ワイン * …… 500g
パイナップルジュース ** …… 190〜200g
レモン …… 1個
炭酸飲料 *** …… 350㎖
ミント（オプション）…… 適宜

*辛口・甘口どちらでも。代わりにホワイトグレープジュースを使っても。
**またはアップルジュース。
***スプライトなどレモンの香りがついた砂糖入りのもの（ダイエットでも可）。

**作り方**

① ピッチャーに白ワイン、パイナップルジュース、よく洗って5㎜厚の輪切りにしたレモンを入れ（ⓐ）、冷蔵庫で4時間冷やします（この状態で24時間保存可）。炭酸飲料は別に冷やしておきます。
② いただく直前に①の白ワインミックスと炭酸飲料を合わせ、オプションでミントの葉を飾れば出来上がりです。

# Mock Sangria

## モック・サングリア

モックとは「真似る、模倣する」の意味で、この場合はサングリアに見立てたノンアルコール飲料のことです。グレープジュースの代わりにワインを使うと、いわゆるサングリアになります。

### 材料（4〜6人分）

好みのフルーツ* …… 合計250g
A ┌ オレンジジュース …… 100g
　├ グレープジュース …… 480g
　└ クランベリージュース** …… 120g
炭酸飲料*** …… 350ml

*オレンジ、レモン、パイナップル、リンゴ、桃、イチゴなど。ライムは苦味が出るので不可。
**手に入らない場合は、グレープジュースを600gに増量。
***スプライトなどレモンの香りがついた砂糖入りのもの（ダイエットでも可）。

### 作り方

① フルーツは、水でよく洗って一口大に切って（オレンジやレモンは5mm厚のいちょう切り）ピッチャーに入れ（ⓐ）、Aの各種ジュースを加え、冷蔵庫で4時間冷やします（この状態で24時間保存可）。炭酸飲料は別に冷やしておきます。
② いただく直前に①のジュースミックスと炭酸飲料を合わせれば出来上がりです。

# Frozen Margarita

## フローズン・マルガリータ

アメリカでは、アルコール入りのフローズン・ドリンクが人気で、ファミレスでも提供されています。家庭用のミキサーでは氷を砕くパワーが足りないことがあり、無理をすると故障の原因になるので、その場合は氷を事前に砕いておいてください。

**材料**（3〜4人分）

ライム果汁 …… 大さじ4
テキーラ …… 大さじ6
ホワイトキュラソー（トリプルセック）…… 大さじ3
粗塩 …… 適量
氷 …… 350g
ライム（オプション）…… 適宜

**作り方**

① グラスの口をライム果汁で湿らせ、粗塩をまぶしつけます（ⓐ）。
② ミキサーに①で使ったライム果汁の残り、テキーラ、ホワイトキュラソー、氷を入れ、なめらかになるまでよく攪拌します。
③ ①のグラスに注ぎ入れ、好みでライムの薄切りを飾れば出来上がりです。

# Frozen Strawberry Daiquiri

## フローズン・ストロベリーダイキリ

日本では季節以外なかなか手に入りにくいイチゴですが、アメリカではほぼ通年入手出来ます。シーズンの間に冷凍しておくと、いつでも作れます。ここでは、イチゴジャムで作れるレシピも用意しました。メモを参考にしてください。

**材料**（3〜4人分）

ホワイトラム …… 大さじ3〜5
ライム果汁* …… 大さじ3
イチゴ（1/2〜1/3に切り冷凍）…… 200g
グラニュー糖 …… 大さじ3〜4
氷 …… 100g
ライム（オプション）…… 適宜

*レモン果汁でも可。

**作り方**

① ミキサーにオプションのライム以外の材料を入れます（ⓐ）。
② 時々ミキサーを止めてスプーンで混ぜながら、なめらかになるまで攪拌すれば出来上がりです。好みでくし形に切ったライムを添えていただきます。

**メモ**

◎ イチゴが手に入らない時は、イチゴとグラニュー糖の代わりにイチゴジャム大さじ5〜6を使っても（氷の量は225gに増量）。
◎ ミキサーのパワーが弱い場合は、事前に氷を細かく砕いて入れてください。

# Sake Martini

## サケ・マティーニ

一説ではアメリカで日本酒の営業をしていた日本人が作ったといわれるカクテル。サケティーニとも呼ばれ、バーカウンターのあるフュージョン系ジャパニーズレストランのアルコールメニューとしてよく見かけます。日本酒は好みの種類でどうぞ。

### 材料（2人分）

ジンまたはウォッカ …… 大さじ6
日本酒* …… 大さじ3
氷 …… 適量
スタッフド・オリーブ** …… 4粒

*タイプは吟醸・純米、甘口・辛口等どれでも。
**レモンの皮の細切りをひねったものでも可。

### 作り方

① カクテルグラスは冷凍庫で冷やしておきます。
② ジン（またはウォッカ）、日本酒を氷と一緒にシェイカーに入れ（ⓐ）、約20秒軽くシェイクします。
③ ①のグラスに②を注ぎ（氷以外）、2粒ずつピックに刺したスタッフド・オリーブを添えれば出来上がりです。

# Hot Toddy

## ホット・トディー

冬のアルコール飲料として好まれるホット・トディー。量を少なめにしてお出しすれば、ウェルカムドリンクとしても活用出来る他、風邪の引き始めに飲む西洋版卵酒的な使い方もあります。ダークラムやブランデーを使っても美味しいですよ。

### 材料（1人分）

ウイスキー …… 大さじ1
レモン …… 薄切り1枚
紅茶* …… ティーバッグ1袋
熱湯 …… 200g
角砂糖 …… 適量

*またはダージリンなどのルース（リーフ）ティー小さじ1。

### 作り方

① 耐熱グラスにウイスキーを注ぎ、レモンの薄切りを加えます（ⓐ）。
② 熱湯で紅茶をいれて①のグラスに注ぎ入れ、好みで角砂糖を加えれば出来上がりです。

### メモ

◎ グラスにシナモンスティックを入れたり、角砂糖の代わりに蜂蜜適量でも。

# ドリンクこぼれ話

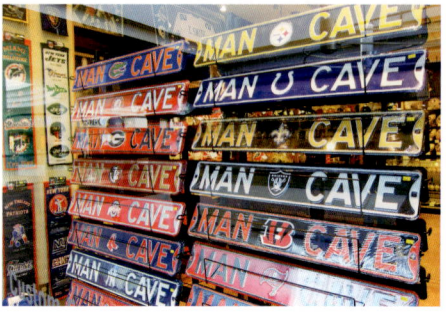

アメリカのアルコールといえばビールを思い浮かべる方が多いと思いますが、カクテル類も大好きなお国柄で、アルコール入り、ノンアルコールを問わず、簡単なものから面倒なものまで、家庭で作られているカクテルの種類はたくさんあり、一般小売店にはカクテルグッズが、本屋に行けばカクテルレシピ本が必ずあります。

最近の流行はアルコール入りフローズン・ドリンクで、アルコールを出すファミリー・レストランでは必ずメニューにあります。家庭でのパーティーの際はミキサーで一気に作りますが、凍らせて揉むタイプの個別用市販品も種類が増えました。

他に人気のドリンクは、日本でもポピュラーになったモヒートや、ウイスキーをコーラで割ったジャック＆コーク（ジャックの名前はジャック・ダニエルから）、ラム＆コーク。

ピーチネクターをイタリアのプロセッコのような辛口スパークリングワインで割ったピーチ・ベリーニ。スパークリングワインの代わりに甘味のついた炭酸飲料で割ると、ベイビー・ベリーニになります。日本食ブームを受け、116ページで紹介したサケ・マティーニや、緑茶をレモン果汁とジンジャーエールまたはスパークリングワインで割ったグリーンティー・クーラー（グリーンティー・リフレッシャーとも）といった、日本人にとっては変わり種と思えるものも。

そして、定番のトロピカルカクテルといえば、今も昔もピニャ・コラーダ（アメリカではピニャ・カラーダ）でしょう。

カクテルつながりですが、アメリカ人既婚男性の夢のひとつに「メン・ケイブ（Man Cave）にバーカウンターを作る」があります。

メン・ケイブとは男の洞窟、つまり趣味てんこ盛りの私室のことで、ビリヤード台を置いて隅にはバーカウンターを設け、男友達を招いて一緒に楽しみたいのだとか（若い世代の夢は少しずつ変わってきているそうですが）。もちろん夫の夢もそれだそうで、「バーカウンターで何を作るの？」と尋ねると「ピニャ・カラーダ！」と即答。新婚当時にピニャ・コラーダ作りにはまり、安いミキサーを酷使してモーターを壊したことは忘れたのだろうなあと思いながら、温かい目で「いつか夢は叶いますよ。（家の改築が出来るように）お互い仕事に勤しみましょう」と励ますのでした。

# 広告に踊らされる

アメリカではアペタイザー関連の材料が際立って売れる時期があります。友人、家族や知人と集まることが多いフットボールシーズン（特に頂上決戦のスーパーボウル）、独立記念日あたりもそうですが、やはり一番は感謝祭やクリスマス、大晦日のカウントダウンパーティーといったホリデーシーズンでしょう。

この頃になると、スーパーの広告にはメインの食材であるターキーや大きなハムが掲載されるのはもちろんなのですが、チーズ、バター、冷凍のパン生地、カクテルソーセージ（一口サイズのミニソーセージ）といったアペタイザー向け材料のみで構成された広告も登場し、それらを使ったディップ類やホット・アペタイザーのレシピが写真付きで掲載されています。しかもメーカー指定の簡単使い切りレシピがほとんどです。

それを見ていると、特に作る予定もなかったのに、視覚に誘われて何だか作りたくなり、スーパーでつい材料を揃えてしまいます。作ると家族に喜ばれるのでもちろん悪い気はせず、「簡単だったからまた作ってもいいよ」と安請け合いする始末。手作り以外に出来合いや冷凍アペタイザーもあり、ホリデーシーズンを盛り上げるかのように大きなイメージパネルを貼って、アペタイザーだけを集めた冷凍食品コーナーを用意することもあります。さらにその場所は、便乗売り上げを狙うべく、ワインやビール売り場の近く、と全て計算されていて、お見事の一言です。

ホリデーシーズンが終わると、アペタイザー関連セールは一気に姿を消し、今度はエクササイズ用品やダイエット食品のセールが多くなります。日本なら「正月太り」に当たる「ホリデーシーズン太り」で、ダイエットに励む人が急激に増えるためです。つくづく「アメリカは物を売るのが上手いなあ」と、手のひらで転がされながら思います。
きっと今年のホリデーシーズンも同じシーンが繰り返されることでしょう。

# ディッピングソース & ドレッシング
## Dipping Sauce & Dressings

ここでは本書に登場した料理に合う、
ディッピングソースとドレッシングを紹介します。
「ディップとディッピングソースは同じものじゃないの?」と
思われるかもしれませんが、この二つは別物で、
前者は主役(野菜やクラッカーが脇役)、
後者は脇役(肉類やシーフードなどが主役)とお考えください。
ドレッシング類は、使う料理によって
ディッピングソースとしても活用出来ます。

## Ranch Dressing
## ランチ・ドレッシング

全米一売れているドレッシングがこれ。
ランチとは昼食のことではなく、
牧場(Ranch)の意味です。
考案者が経営していた観光牧場で
人気になったことにちなんでいます。

### 材料 (作りやすい分量)

バターミルク * …… 100g
サワークリーム …… 90g
マヨネーズ …… 大さじ2
ディジョンマスタード …… 小さじ1/2
おろしニンニク …… 小さじ1/2
おろし玉ネギ …… 小さじ1
青ネギ(みじん切り) …… 約1本分(正味15g)
パセリ(みじん切り) …… 小さじ2
レモン果汁 …… 小さじ2
ホットソース(タバスコなど) …… 少々
塩 …… 小さじ1/2
黒胡椒 …… 小さじ1/8

*代用バターミルクの作り方は7ページ。

### 作り方

ボウルに全ての材料を入れてよく混ぜ、ラップをかけ冷蔵庫で最低3時間冷やします。冷蔵で3日間保存出来ます。

### この料理にお勧め

ウェッジ・サラダ(50ページ)
バッファロー・ウイング(69ページ)
モッツァレラチーズ・スティック(79ページ)
フライド・オクラ(80ページ)
サヤインゲンのパン粉揚げ(81ページ)
その他、サラダなどに。

## Cocktail Sauce
## カクテル・ソース

シーフードに欠かせない
カクテル・ソースですが、
肉類にも合います。
ホースラディッシュが
手に入らない場合は、
チューブワサビと和辛子で代用しても。

**材料** (作りやすい分量)

ケチャップ …… 80g
おろし玉ネギ …… 小さじ1
ホースラディッシュ（市販品）* …… 小さじ1
レモン果汁 …… 小さじ2
ウスタシャーソース（リーペリンなど）…… 小さじ $\frac{3}{4}$
ホットソース（タバスコなど）…… 5〜6滴
黒胡椒 …… 少々

*ホースラディッシュ入りのチューブワサビ小さじ $\frac{1}{4}$ と、和辛子小さじ $\frac{1}{4}$ を合わせても。

**作り方**

ボウルに全ての材料を入れてよく混ぜ、ラップをかけ冷蔵庫で最低3時間冷やします。冷蔵で3日間保存出来ます。

**この料理にお勧め**

オイスター・シューター（56ページ）
ココナッツ・シュリンプ（71ページ）
チキン・フィンガーズ（73ページ）
その他、茹で海老などに。

## Blue Cheese Dip / Dressing
## ブルーチーズ・ディップ／ドレッシング

ブルーチーズ好きに
一押しのディップです。
ブルーチーズは割高なので
そのまま食べたくなる気持ちは
よくわかりますが、
作る価値は確実にあると断言します。

**材料** (作りやすい分量)

A ┌ サワークリーム …… 90g
　├ マヨネーズ …… 大さじ2
　├ 牛乳またはバターミルク* …… 大さじ3
　├ レモン果汁 …… 小さじ2
　├ おろしニンニク …… 小さじ $\frac{1}{4}$
　└ 黒胡椒 …… 小さじ $\frac{1}{8}$

ブルーチーズ …… 40g

*代用バターミルクの作り方は7ページ。

**作り方**

Aをボウルに入れてよく混ぜ、細かくほぐしたブルーチーズを加えてラップをかけ、冷蔵庫で最低2時間冷やします。冷蔵で3日間保存出来ます。

**この料理にお勧め**

ウェッジ・サラダ（50ページ）
バッファロー・ウイング（69ページ）
その他、サラダなどに。

# Remoulade Sauce
## レムラード・ソース

仏語で「風味がついたマヨネーズ」の
意味も持つレムラードは、
いくつかのバリエーションがありますが、
アメリカ南部で好まれているのは
ピリ辛タイプです。

### 材料 (作りやすい分量)

マヨネーズ …… 80g
粒マスタード …… 大さじ1
レモン果汁 …… 小さじ2
黒胡椒 …… 小さじ$\frac{1}{8}$
カイエンペッパー …… 少々
青ネギ(みじん切り) …… 約$\frac{1}{2}$本分(正味7g)

### 作り方

ボウルに全ての材料を入れてよく混ぜ、ラップをかけ冷蔵庫で最低3時間冷やします。冷蔵で3日間保存出来ます。

### この料理にお勧め

ココナッツ・シュリンプ(71ページ)
クラブ・ケーキ(87ページ)
その他、シーフードの揚げ物、茹で海老などに。

# Thousand Island Dressing
## サウザンアイランド・ドレッシング

日本でもお馴染みの
サウザンアイランド・ドレッシングは
発祥国アメリカでも定番の人気で、
ドレッシング以外に
ディッピングソースや
ハンバーガーにも使います。

### 材料 (作りやすい分量)

マヨネーズ …… 大さじ4
ケチャップ …… 大さじ4
スイートレリッシュ(ホットドッグ用のピクルス) …… 大さじ1
おろし玉ネギ …… 小さじ1
黒胡椒 …… 少々

### 作り方

ボウルに全ての材料を入れてよく混ぜ、ラップをかけ冷蔵庫で最低3時間冷やします。冷蔵で3日間保存出来ます。

### この料理にお勧め

クラブ・ケーキ(87ページ)
スライダーズ(95ページ)
その他、サラダ、茹で野菜などに。

# Easy Marinara Sauce
## マリナーラ・ソース

アメリカのイタリア料理に必須の
マリナーラ・ソースは、メインはもとより、
ディッピングソースに用いることも多く、
トマトピューレを使えば
短時間で作れます。

**材料**（作りやすい分量）

玉ネギ……中 1/2 個（正味100g）
おろしニンニク……小さじ 1/4
オリーブオイル……大さじ2
A ┌ トマトピューレ……300g
　├ ベイリーフ（ローリエ）……1枚
　├ バジル（ドライ）……小さじ 1/2
　├ オレガノ（ドライ）……小さじ 1/4
　├ タイム（ドライ）……小さじ 1/4
　└ グラニュー糖……小さじ 1/2
塩……適量
黒胡椒……小さじ 1/4

**作り方**

フライパンまたは厚手の鍋を強めの中火で熱してオリーブオイルを引き、粗みじんに刻んだ玉ネギとおろしニンニクを入れ、玉ネギが半透明になるまで約3分炒めます。Aを入れて沸騰したら弱火に落とし、時々混ぜながら20〜25分煮詰め、ベイリーフを取り除いて塩、黒胡椒で味を調えれば出来上がりです。冷蔵で3日間、冷凍で約1カ月間保存出来ます。

**この料理にお勧め**

モッツァレラチーズ・スティック（79ページ）
その他、揚げ物全般や、パスタソースに。

# Tartar Sauce
## タルタル・ソース

こちらもサウザンアイランド・
ドレッシング同様にお馴染みですが、
刻んだゆで卵は入らず、
日本のものに比べて
さっぱりした仕上がりです。

**材料**（作りやすい分量）

マヨネーズ……65g
スイートレリッシュ（ホットドッグ用のピクルス）……大さじ2
刻みパセリ……小さじ1
おろし玉ネギ……小さじ1
レモン果汁……小さじ1
黒胡椒……少々

**作り方**

ボウルに全ての材料を入れてよく混ぜ、ラップをかけ冷蔵庫で最低3時間冷やします。冷蔵で3日間保存出来ます。

**この料理にお勧め**

ココナッツ・シュリンプ（71ページ）
クラブ・ケーキ（87ページ）
その他、揚げ物、茹で野菜などに。

## Apricot Mustard Sauce
# アプリコット・マスタードソース

アメリカでは塩味の料理に
甘いソースを添えることがよくあり、
これもそのひとつ。
少量のおろし生姜が、ジャムと
マスタードの架け橋になっています。

**材料**（作りやすい分量）

アプリコットジャム …… 大さじ4
ディジョンマスタードまたは粒マスタード …… 大さじ3
おろし生姜 …… 小さじ$\frac{1}{4}$

**作り方**

ボウルに全ての材料を入れてよく混ぜ、ラップをかけ冷蔵庫で最低2時間冷やします。冷蔵で3日間保存出来ます。

**この料理にお勧め**

ココナッツ・シュリンプ（71ページ）
チキン・フィンガーズ（73ページ）
その他、焼いたハムや、グリルした鶏肉などに。

## Honey Mustard Dip / Dressing
# ハニーマスタード・ディップ／ドレッシング

この組み合わせは、
日本だとチキンナゲットの
ディッピングソースとして
見かけると思います。
大人だけでなく子どもにも受ける味で、
サラダドレッシングとしても使えます。

**材料**（作りやすい分量）

マスタード（ディジョン、粒、ホットドッグ用のイエローマスタードなど）……… 大さじ2
マヨネーズ……… 大さじ4
蜂蜜……… 大さじ1
レモン果汁（オプション）……… 小さじ1

**作り方**

ボウルに全ての材料を入れてよく混ぜ（蜂蜜が結晶化している時は、様子を見ながら電子レンジで温めてから使用）、ラップをかけ冷蔵庫で最低2時間冷やします。冷蔵で3日間保存出来ます。

**お勧めの組み合わせ**

ココナッツ・シュリンプ（71ページ）
チキン・フィンガーズ（73ページ）
その他、サラダなどに。

## Bam Bam Sauce
# バンバン・ソース

最近広まり出しているソースで、
本来、カタカナ表記はバムバムに
なりますが、バンバンに聞こえるので、
ここでは後者で表記します。
中国料理の棒棒鶏とは無関係です。

### 材料（作りやすい分量）
マヨネーズ …… 大さじ4
スイートチリソース …… 大さじ4

### 作り方
ボウルに全ての材料を入れてよく混ぜ、ラップをかけ冷蔵庫で最低2時間冷やします。冷蔵で3日間保存出来ます。

### この料理にお勧め
ココナッツ・シュリンプ（71ページ）
チキン・フィンガーズ（73ページ）
その他、シーフード系の揚げ物やグリルに。

## Avocado Wasabi Sauce
# アボカド・ワサビソース

ワカモレと間違えて大量に食べ、
涙目になったアメリカ人の笑い話は
ひと昔前。今や、WASABIは
人気の香辛料として、
様々な料理やスナック菓子に
使われています。

### 材料（作りやすい分量）
アボカド …… 1/2個
マヨネーズ …… 大さじ3
ギリシャヨーグルト* …… 大さじ2
チューブワサビ …… 小さじ1

*水切りヨーグルトでも。

### 作り方
アボカドは皮と種を取りボウルに入れてフォークで潰します。残りの材料を加えてよく混ぜ、ソースに直接ラップを貼り付け、冷蔵庫で1時間冷やします。変色しやすいので、24時間以内に使ってください。

### この料理にお勧め
ココナッツ・シュリンプ（71ページ）
チキン・フィンガーズ（73ページ）
その他、茹で海老などに。

# 材料索引
# Index

基本調味としての塩、黒・白胡椒や、砂糖（グラニュー糖・ブラウンシュガーまたは三温糖）、炒め油や揚げ油などに使用する油脂については取り上げていません。
本来はマメ科に属するピーナッツをナッツの項目に入れるなど、学術上ではなく便宜上の引きやすさを優先して分類しています、ご了承ください。

### 野菜・イモ・キノコ
アーティチョーク（味つきマリネ製品）── 23
青ネギ── 13, 17, 19, 21, 53, 63, 84, 87, 91, 102, 120, 122
赤玉ネギ── 10, 13, 50, 53, 54, 59, 89, 101
赤パプリカ── 11, 23, 59（または黄パプリカ）, 101
アボカド── 10, 61, 63, 125
オクラ── 80
キャベツ── 53（または白菜）, 89
キュウリ── 59, 61
コーン（缶詰）── 13, 75
サヤインゲン── 81
サラダ菜── 49
ジャガイモ── 83, 91, 92
生姜── 53, 124
セロリ── 17, 45, 49, 51, 55, 69, 77, 87
玉ネギ── 15, 19, 21, 24, 45, 49, 74, 75, 77, 95, 97, 101, 102, 120, 121, 122, 123
トマト── 10, 13, 17（アレンジ）, 50, 89, 95, 102
人参── 53
ニンニク── 10, 11, 14, 15, 21, 22, 46, 69, 101, 103, 107, 120, 121, 123
ハラペーニョ（フレッシュ）── 10, 13（オプション）
プチトマト── 59
ブロッコリー── 54
ほうれん草── 19, 23
マッシュルーム── 97
レタス── 50

### 豆
金時豆（水煮製品）── 101（またはうずら豆／オプション）
白インゲン豆（水煮製品）── 22（または白花豆）
ヒヨコ豆（水煮製品）── 14
ブラックビーンズ（水煮製品）── 13

### 果物
イチゴ── 115
イチジク── 47（アレンジ）
好みのフルーツ── 113
桃── 47
ライム── 10, 13, 89, 114, 115
リンゴ── 51, 99
レモン── 11, 14, 17, 19, 22, 45, 46, 49, 51, 54, 56, 59, 93, 112, 117, 120, 121, 122, 123, 124（オプション）

### 肉・肉加工品
ウインナー（ミニサイズ）── 93
牛挽き肉── 95（脂肪少なめ）, 101
砂肝── 77
スライスベーコン── 21, 50, 57（アレンジ）, 85
鶏手羽（手羽元、手羽中）── 69
鶏胸肉（皮なし）── 73
鶏レバー── 15
生ハム── 47
豚挽き肉── 97

### 魚介・魚介加工品
カニカマ── 61, 84
カニ肉（茹で上げまたは缶詰）── 87
殻付き無頭海老── 45, 71
白身魚（タラなど）── 89
ツナ缶（ノンオイルフレーク）── 17
生牡蠣（生食用のむき身）── 56
生鮭（刺身用のサク）── 43
帆立貝柱── 85
マグロ（刺身用のサク）── 63

### 卵・乳製品
牛乳── 73, 75, 77, 80, 91, 107, 121（またはバターミルク）
ギリシャヨーグルト── 25, 125
クリームチーズ── 11, 17, 24, 57, 84
サワークリーム── 19, 23, 89, 91, 97, 102, 120, 121
代用バターミルク── 7
卵── 55, 73, 75, 77, 79, 87, 99, 105
チーズ各種── 17（アレンジ）
チェダーチーズ── 21, 24, 54, 91, 101, 102, 105, 107
生クリーム── 15
バターミルク── 120
ブリーチーズ── 99（またはカマンベールチーズ）
ブルーチーズ── 121
モッツァレラチーズ（セミハードタイプ）── 23, 79

### 穀類
コーンミール── 80, 101（または中力粉）
小麦粉（中力粉）── 73, 74, 75, 77, 81, 105, 107
小麦粉（薄力粉または中力粉）── 21, 71, 79, 84
小麦粉（薄力粉、中力粉、強力粉どれでも可）── 80
米（短粒種）── 61, 63
パン粉── 79, 81, 87, 97

### パン・パスタ・チップス・生地（市販品）
ショートパスタ── 59
トルティーヤチップス── 102
パン── 17（アレンジ）, 19（アレンジ）, 95, 103
フラワートルティーヤ── 89
冷凍パイシート── 99
ワンタンの皮── 53, 84

126

## ナッツ・ドライフルーツ類

アーモンド —— **24**(スライス), **30**(素焼き無塩)
クルミ —— **32, 51, 54**(オプション)
ココナッツフレーク(ファインまたはロング) —— **71**
好みのナッツ(無塩) —— **37**
デーツ —— **57**
ドライアプリコット —— **37**
ピーナッツ —— **33**(殻付きの生), **35**(薄塩)
ミックスナッツ(無塩) —— **31**
レーズン —— **37, 51, 54**

## スパイス・ハーブ類

オールスパイスパウダー —— **30**(オプション)
オールドベイ・シーズニング —— **87**(オプション), **107**
オレガノ(ドライ) —— **46, 59, 79, 101, 123**
ガーリックパウダー —— **13, 73**
カイエンペッパー —— **32, 122**
クミンパウダー —— **14, 101**
ケイジャンシーズニング(無塩) —— **7, 33**(オプション), **77, 92**
香菜 —— **10, 13, 53**(またはミント/オプション), **89**
コリアンダーシード —— **45**(オプション)
シナモンパウダー —— **25, 30**
セージパウダー —— **97**
タイム(ドライ) —— **15, 101, 123**
タイム(フレッシュ) —— **32**
鷹の爪 —— **11**(オプション), **45**
チリパウダー —— **89, 101**
ディル(フレッシュ) —— **43**
ナツメグ —— **15**
バジル(ドライ) —— **59, 79, 123**
バジル(フレッシュ) —— **22, 47**(またはミント)
パセリ —— **22, 46, 55, 87, 97, 103, 107, 120, 123**
パプリカパウダー —— **73, 101**
ベイリーフ(ローリエ) —— **45, 77, 123**
マスタードシード —— **45**(オプション)
ミント —— **112**(オプション)
ローズマリー(フレッシュ) —— **32**

## 調味料・ソース

ウスタシャーソース(リーペリンなど) —— **49, 95, 121**
カレー粉 —— **31, 55**
ケチャップ —— **93, 95**(オプション), **121, 122**
コーンシロップ —— **35**
醤油 —— **53**
酢 —— **45**(アップルサイダービネガー、白ワインビネガー、米酢), **53**(米酢), **61**(米酢), **63**(米酢)
スイートチリソース(市販品) —— **84, 125**
チキンストック —— **15, 101**
豆板醤 —— **63**
トマトピューレ —— **101, 123**
練りゴマ —— **14**
蜂蜜 —— **25**(またはメープルシロップ/アレンジ), **30, 31, 124**
バニラオイル —— **35**
ホースラディッシュ(市販品) —— **121**
ホットソース(タバスコなど) —— **13**(オプション), **21**(オプション), **49, 69, 120, 121**
マスタード —— **21**(ディジョン), **55**(ディジョン), **87**(ディジョン), **93**(ディジョンまたはホットドッグ用イエローマスタード), **95**(ホットドッグ用イエローマスタードまたはディジョン/オプション), **120**(ディジョン), **122**(粒), **124**(ディジョン、粒、ホットドッグ用イエローマスタードなど)
マヨネーズ —— **17, 19, 23, 49, 51, 54, 55, 63, 87, 89, 95**(オプション), **120, 121, 122, 123, 124, 125**
ワサビ(チューブ) —— **125**

## 油脂類

E.V.オリーブオイル —— **46**
オリーブオイル —— **14, 22, 45, 59, 103**
ゴマ油 —— **53, 63**
植物油(キャノーラなど) —— **13, 53, 75**
有塩バター —— **35, 69, 95, 103, 105, 107**

## アルコール

赤ワイン —— **15**
ウイスキー —— **117**
白ワイン —— **112**
ジン —— **116**(またはウォッカ)
テキーラ —— **114**
日本酒 —— **116**
ビール —— **21, 74**
ホワイトキュラソー(トリプルセック) —— **114**
ホワイトラム —— **115**

## ジュースなどの飲料

オレンジジュース —— **46, 93, 113**
クランベリージュース —— **113**
グレープジュース —— **113**
紅茶(ティーバッグ) —— **117**
炭酸飲料 —— **112, 113**
トマトジュース —— **49**
パイナップルジュース —— **112**

## その他

炒りゴマ —— **53**(白), **61**(白、黒)
オリーブ —— **46**(好みのもの), **59**(ブラック輪切り), **102**(ブラック輪切り), **116**(スタッフド・オリーブ)
ココアパウダー(無糖) —— **25**(アレンジ)
粉ゼラチン —— **49**
ジャム —— **25**(好みのもの), **93**(アプリコット), **99**(好みのもの), **124**(アプリコット)
重曹(ベーキングソーダ) —— **35**
スイートレリッシュ(ホットドッグ用のピクルス) —— **122, 123**
製菓用スイートチョコレート —— **37**
製菓用ホワイトチョコレート —— **37**
ピクルス(市販品) —— **95**
ベーキングパウダー —— **71, 73, 75, 77, 80, 81, 107**
ポップコーン(薄塩) —— **35**
焼き海苔 —— **61, 63**

### アンダーソン夏代
Natsuyo Anderson

- 福岡市生まれ
フロリダ州ジャクソンビル在住
中村学園大学短期大学部食物栄養科卒業

アメリカ・ノースキャロライナ州出身の夫との結婚を機に、
アメリカ料理に興味を持ち、南部料理の研究を始める。
著書に『アメリカ南部の家庭料理』（アノニマ・スタジオ）、
『アメリカ南部の野菜料理』（誠文堂新光社）などがある。

企画、料理、文、写真、スタイリング
アンダーソン夏代

デザイン
渡部浩美

編集
渡辺由美子（アノニマ・スタジオ）

アノニマ・スタジオは、
風や光のささやきに耳をすまし、
暮らしの中の小さな発見を大切にひろい集め、
日々ささやかなよろこびを見つける人と一緒に
本を作ってゆくスタジオです。
遠くに住む友人から届いた手紙のように、
何度も手にとって読みかえしたくなる本、
その本があるだけで、
自分の部屋があたたかく輝いて思えるような本を。

## アメリカ・アペタイザー
American Appetizers

2014年4月15日　初版第1刷発行
2021年3月29日　初版第2刷発行

著者　　　アンダーソン夏代
発行人　　前田哲次
編集人　　谷口博文
発行所　　アノニマ・スタジオ
　　　　　〒111-0051 東京都台東区蔵前2-14-14 2F
　　　　　Tel. 03-6699-1064
　　　　　Fax. 03-6699-1070
　　　　　www.anonima-studio.com
発売元　　KTC中央出版
　　　　　〒111-0051 東京都台東区蔵前2-14-14 2F
印刷・製本　株式会社廣済堂

内容に関するお問い合わせ、ご注文などはすべて上記アノニマ・スタジオまでお願いします。
乱丁本・落丁本はお取替えいたします。
本書の内容を無断で複製・転写・放送・データ配信などすることは、かたくお断りいたします。
定価はカバーに表示してあります。

ISBN978-4-87758-723-9　C2077
© 2014 Natsuyo Anderson
printed in Japan